從一國歷史
預視世界
的動向

極簡

韓國史

六反田豐

楓樹林

前言

多元交流不斷累積至今

朝鮮半島與日本列島之間的關係猶如一衣帶水，受到這樣的地理條件影響，兩地區自古就持續著多元交流，相信今後仍會維持這樣的狀況吧？

從這個角度來看，學習朝鮮半島的人們一路走到今日的歷史，不只是單純地滿足好奇心，當我們回首來時路時，也能積極地展望未來。

現在的朝鮮半島分裂成南北兩個國家並存，也就是大韓民國（韓國）與朝鮮民主主義人民共和國（北朝鮮）。儘管本書主打「韓國史」，但是並非專指一九四八年韓國建國之後的事情，還簡單彙整了史前時代至近代的朝鮮半島地區歷史。各位理應可以透過本書，理解朝鮮半島地概略的歷史脈絡。至於本書未能提及的北朝鮮建國後歷史，則期望於他日再加以探討。

監修　六反田 豐

歷史冷知識！韓國的4大祕密

這些意想不到的史實，就要介紹給初次接觸韓國史的你！

Secret 1

「Korea」這個稱呼源自於古代國名？

韓國的英文是「Korea」，這個詞其實源自於10～14世紀存在於朝鮮半島的「高麗」國名。聯合國在標示朝鮮半島兩個國家的國名時，便是將韓國標為「Republic of Korea」、北朝鮮則為「Democratic People's Republic of Korea」。

→詳情參照90頁

Secret 2

直到不久前依然禁止「同本同姓」結婚？

現在韓國的姓氏數量約有280個，數量甚至不及日本的0.1%。朝鮮半島自古就很重視姓氏與本貫（氏族發源地），如果本貫與姓氏都相同（同本同姓），就屬於同一氏族的成員，而韓國法律直到十幾年前都還禁止同本同姓婚姻。

→詳情參照105頁

Secret 3

韓文創造後
經過數百年才普及化？

據信韓古爾（韓文）的基礎語言是「訓民正音」，在15世紀中期由朝鮮君主世宗大王所創造。但是當時並未普及，一直到20世紀才以民間為中心擴散開來，是現代韓國的官方語言與國語。

→詳情參照136頁

Secret 4

韓國與北朝鮮之間
不存在國境？

朝鮮半島相關新聞經常出現「跨越國境」等字眼，可是實際上兩國之間並沒有國境。這是因為韓戰名義上仍處於「休戰」階段，尚未訂出國境的關係，因此便將目前的軍事分界線視為邊境。

→詳情參照223頁

接下來，我們就來探索韓國史吧！

目次

前言　多元交流不斷累積至今……3
韓國的4大祕密……4
序章　誕生至今約七十年的年輕國家……12

chapter 1 傳說王朝與信史時代

曾渡日本的史前人類……18
石器時代的生活……19
土器的出現……20
青銅器的使用……21
農耕誕生與勢力爭奪……24
神話與考古學的夾縫……26
來自中國的流亡王族……28
真實存在的古王朝……30
朝鮮半島的偉人① 檀君……32

chapter 2 三強之爭

漢武帝設朝鮮四郡……34
三大勢力鼎立南半島……37

建國始祖從蛋中出生？……38
南下朝鮮半島的高句麗……40
高句麗中興……41
同為扶餘末裔的百濟……42
統治新羅的三大王族……46
成為附庸國……48
三國之外的聚落聯盟……49
廣開土王的強盛期……50
百濟復興……54
新羅崛起……55
隋朝進逼朝鮮半島……58
唐朝威脅下誕生的政權……60
新羅與唐朝攜手合作……62
三國時代的結束……64
朝鮮半島的偉人② 階伯……66

chapter 3 首度統一

統一新羅的成立……68
按血統區分的身分制度……70
全國分成九大州……72
與日本的外交關係……74
高句麗遺民脫逃……76
渤海國的政權歸屬……79
新羅佛教的繁盛……80
叛變頻仍導致衰退……82
後三國時代到來……84
王建帶來再統一……85
朝鮮半島的偉人③ 張保皐……88

chapter 4 高麗的興亡

現代英文國名的語源……90
太祖遺留的統治方針……92
白熱化的繼承人之爭……94
引進科舉與兩班……96
確立中央與地方制度……100
北方異族侵略……102
門閥掌權……105
兩大嚴重內亂爆發……107
高麗時代的文化……109
武臣政權誕生……112
蒙古鐵騎席捲而來……114
出兵日本的沉重負擔……116
擺脫蒙古帝國……118
親元而導致滅亡……120
朝鮮半島的偉人④ 一然……122

chapter 5 朝鮮的繁榮

由明朝選擇的國名……124
依風水建設首都……127
手足之爭……129
王朝基礎的建構……132
創造民族固有文字……134
王族掀起的政變……137
世祖的改革……139
母代子職聽政……141

王大妃訂立女德教育 143
朝鮮著名暴君 145
頭痛的黨爭與對馬島 147
同族間的權力爭奪 149
朝鮮半島的偉人⑤ 蔣英實 154

chapter 6 朝鮮的苦難
有備無患 156
向明朝求援 159
戰爭落幕，黨爭續演 162
事與願違的外交策略 165
正統中國王朝傳承者 167
朝廷權柄輪替 168
平衡派系鬥爭 171
不問出身，廣羅人才 174
朝鮮時代的文藝復興 175
改革陸續廢止 177
勢道政治結束黨爭 178
沒落一族爬到權力頂點 180
被迫開國 181
大韓帝國的興亡 185
朝鮮半島的偉人⑥ 申師任堂 188

chapter 7 從日本統治下獨立
併合與殖民 190
獨立意識高漲 194

從公園開始的獨立呼聲……196
總督府的政策轉向……198
資本主義與勞工運動……200
來到日本的朝鮮人……202
滿州國誕生與朝鮮地位轉變……204
推動皇民化政策……206
從日本統治中解放……209
大韓民國的成立……211
一分為二的朝鮮半島……214
朝鮮半島的偉人⑦ 孫基禎……216

chapter 8 大韓民國的步伐

東西冷戰的最前線……218
北緯三十八度線的停戰協定……223
獨裁的首任總統……225
群眾抗議下失勢……227
爆發軍事政變……229
總統遭暗殺！……232
隨經濟高漲的民主化運動……235
陽光迎來諾貝爾獎……241
持續至今的平衡外交方針……243

祕密專欄

①朝鮮半島的豐富料理……152
②韓國國旗……246

序章

誕生至今約七十年的年輕國家

韓國是離日本最近的國家，其正式國名為「大韓民國」。韓國南部的主要都市釜山與隔海的日本福岡之間距離僅兩百公里，比東京與名古屋的距離還要近。日本首都東京與韓國首都首爾兩地的飛行時間約兩小時三十分鐘，甚至足以安排當日來回之旅。根據日本觀光廳的調查，二〇一八年前往韓國的日本人數約三百萬人，到訪日本的韓國人約有七百五十萬人，寫下過去最高紀錄。

近年來，韓國娛樂在日本相當受歡迎，韓流電視劇與K-POP偶像更是在女性與年輕人之間捲起一股熱潮。而就產業方面，更有三星集團、現代汽車、SK集團等多個財閥進軍全世界。

另一方面，日本與韓國之間的關係可以說是「既近又遠的國家」。兩國儘管有漫長的交流史，卻也因為鄰近的關係時而攜手、時而競爭、時而對立，現在也因為歷史認知的差異與領土界定等複雜課題，在國際政治關係上維持對立的狀態。

朝鮮半島的主要地理

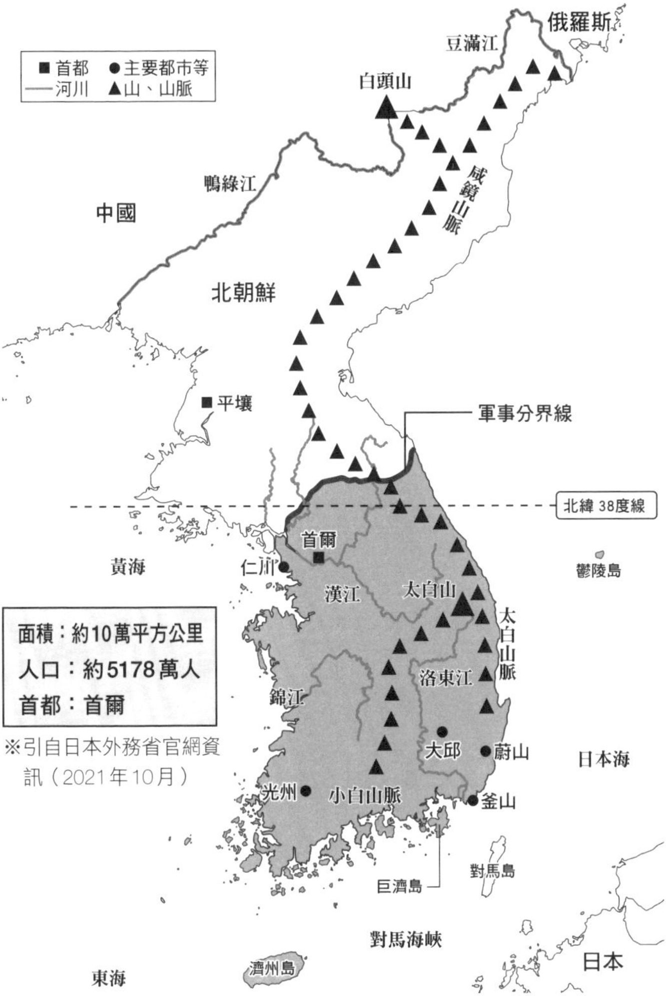

面積：約10萬平方公里
人口：約5178萬人
首都：首爾

※引自日本外務省官網資訊（2021年10月）

韓國是以朝鮮半島的南半部視為國土，面積約十萬平方公里，相較於範圍約有三十八萬平方公里的日本，相當於四分之一左右的領土。

韓國三面環海，東有日本海（韓國稱為東海）、西有黃海（韓國稱為西海）、南有對馬海峽與西側海域（韓國稱為南海）。陸地的東側有海拔一千公尺級群山相連的太白山脈縱貫，東部中央海拔一千五百六十七公尺的太白山是主要河川的源頭，上游溪流匯聚成漢江與洛東江，前者橫貫首都首爾注入黃海，後者流往西南側注入對馬海峽。

韓國的緯度與日本相當，四季分明，受到大陸性氣候的影響，冷熱溫差甚大。夏季氣溫與日本無異，然而首爾的冬季經常達零下十度，與北海道一樣冷。當然也與日本一樣，各地區間也有著冷熱差異。

但是，要說起韓國這個位於朝鮮半島南端的國家歷史，其實從一九四八年建國至今也不過七十年左右。在此之前的朝鮮半島是個統一的國家，直到一九五〇年爆發韓戰後，才以軍事分界線為邊界，分成韓國與朝鮮民主主義人民共和國（通稱北朝

韓國行政區劃分

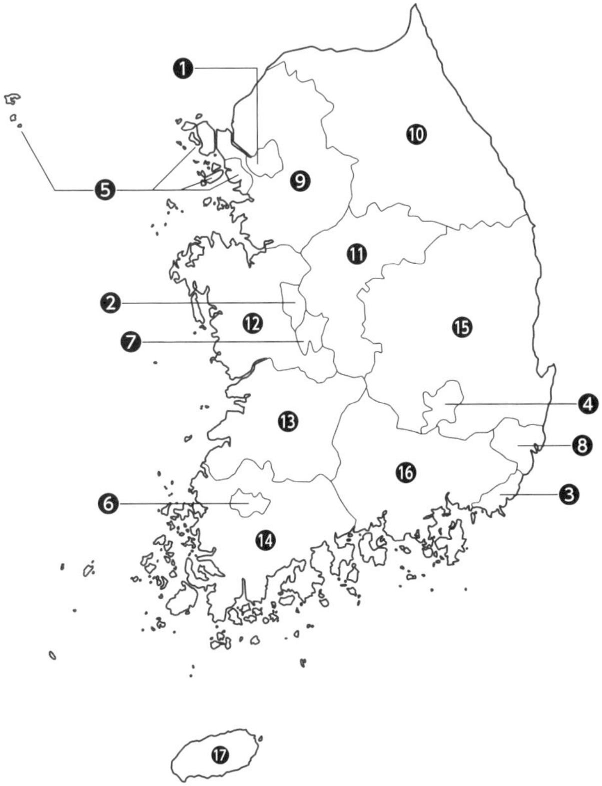

❶首爾特別市	❺仁川廣域市	❾京畿道	⓭全羅北道
❷世宗特別自治市	❻光州廣域市	❿江原道	⓮全羅南道
❸釜山廣域市	❼大田廣域市	⓫忠清北道	⓯慶尚北道
❹大邱廣域市	❽蔚山廣域市	⓬忠清南道	⓰慶尚南道
			⓱濟州特別自治道

※後續將省略「特別市」、「特別自治市」、「廣域市」與「特別自治道」等行政區區分。

鮮）這兩個國家。

若是將北朝鮮也算進來的話，以東北部海拔二千七百四十四公尺的白頭山為分水嶺，往西流的鴨綠江劃下了與中國的界線，並隔著往東流的豆滿江與中國、局部俄羅斯相接。南北韓國土相加後的面積約二十二萬平方公里，是日本面積的一半。

儘管如此，在狹長的朝鮮半島像現在一樣南北分裂之前，也有許多國家在歷史上誕生又消失。畢竟，「韓國」與「朝鮮」這兩個名稱，其實就源自於古代使用的地名與民族名。因此在認識韓國的歷史之前，必須先學習朝鮮半島與周邊地區自古以來的歷史。

chapter 1

傳說王朝與信史時代

曾渡日本的史前人類

朝鮮半島的人類史起始於舊石器時代。舊石器時代的範圍非常廣，從數十萬年前至一萬年前左右為止，且分成前期、中期與後期。

朝鮮半島最古老的遺址位於朝鮮民主主義人民共和國（後稱北朝鮮）平壤近郊處的黑隅里遺址。黑隅里遺址發現於一九六四年，從據信為史前人類居住的洞穴中，挖掘出了石器與獸骨。一九七八年在大韓民國（後稱韓國）京畿道發現了全谷里遺址。兩者都被認為可追溯到舊石器時代前期，但是確切年代眾說紛紜，從一百萬年前至四萬五千年前都有。

我們全人類的祖先「智人」（*Homo sapiens*）最早出現於約三十萬年前的非洲大陸，後來才擴散到世界各地。比八萬年前更早的時候出現在中國大陸，約四萬年前左右開始在日本列島活動。約十萬年前至兩～三萬年前左右，地球處於冰河時期，當時的海平面比現在還要低，大陸之間有陸橋相連接，因此智人才得以從大陸前往日本列島。

據信遷移的路線為：①樺太↓北海道、②琉球群島↓九州、③朝鮮半島↓本州。至少在屬於舊石器時代中期的約八萬年前至四萬年前之間，智人踏上了朝鮮半島，其中一部分則前往日本列島。

石器時代的生活

舊石器時代的人類會住在洞穴或台地上並過著狩獵生活，從容易取得水的河川沿岸、容易採集海產的海邊都看得見他們的行蹤。

舊石器時代後期落在約三萬五千年前至一萬年前。一九六〇年代韓國忠清南道發現的石壯里遺址與北朝鮮的屈浦里遺址，可以看見居住、用火等痕跡，並挖出了手斧、尖頭器等超過三千件的打製石器，可以看出曾經形成人類聚落。

舊石器時代後期的特徵之一就是剝片尖頭石器的出現。剝片尖頭石器是單側如樹葉般尖銳，另一側是握柄的石器。最古老的剝片尖頭石器出土自慶尚南道古禮里遺址，據信是兩萬五千年以前留下的。日本以九州為中心也出現了剝片尖頭石器，雖然沒有那麼古老，但是製法與尺寸相似，因此推測是知道剝片尖頭石器製法的族群從朝鮮半島前往日本列島後，與日本列島的人類接觸時傳授了製法。

土器的出現

冰河時期約在一萬年前結束，地球開始暖化。朝鮮半島在這個時期開始使用磨製石器，此後稱為新石器時代。濟州島的高山里遺址發現的土器，據信是六千三百年以前留下的。高山里遺址的土器沒有任何花紋，江原道鰲山里遺址的土器則有適度裝飾，由於邊緣會以手指捏高，所以稱為隆起紋土器。

在土器登場以前，史前人類會四處移動尋找獵物與可食用植物，隨著地球暖化，人類變得較容易獲取食物，因此便開始用土器保存食物，進而定居在一個地方。豆滿江附近的西浦項貝塚，到釜山東三洞貝塚之間的東海岸遼闊地區都發現了土器。

朝鮮半島發現的主要土器為梳紋土器。這是具圓潤感的土器，施有如梳齒般的花紋，所以命名為梳紋土器。梳紋土器是從西元前五千年左右，在朝鮮半島受到廣泛使用。特徵依地區而異，像西南部地區出土的底部會如砲彈般隆起，東北地區為平底，兩地區交界處則同時可見這兩種形狀。

青銅器的使用

新石器時代的人類並非居住於洞穴，而是豎穴式住居。他們在地面挖掘一公尺深的洞，並在中心設

當時的日本

熊本縣曾畑貝塚挖掘出土的曾畑式土器，其花紋、製法都與梳紋土器類似，長崎縣對馬佐賀貝塚發現的釣勾則使用了朝鮮半島的獸牙。相對地，東三洞貝塚也發現佐賀縣產的黑曜石與繩紋土器，由此可看出雙方的交流。

有爐灶，部分地區可看見如同「溫突」原型的空間。溫突，是將煮食時的煙排往地下，藉此取暖的朝鮮半島式地暖氣。也就是說，在西元前已經有這樣的作法了。

到了西元前一千年左右，開始會使用毫無花紋的土器——無紋土器。這時期已經會按照壺、鉢、碗等不同用途使用相應的容器。

新石器時代末期也出現了青銅器。北朝鮮新岩里遺址發現的青銅製刀具，據信是西元前八百年左右問世的。除了石器、土器以外也使用了青銅器的這個時代，又稱為青銅器時代。

青銅器時代以西元前三百年左右為界線，分成前期與後期。前期最具代表性的青銅器，就是琵琶型銅劍。這是從當時的中國傳來，劍的兩側都帶有弧度，形狀與樂器琵琶相似，故而如此命名。後期最具代表性的是細型銅劍，劍身窄細筆直，據信是朝鮮半島自行發展出來的。此外矛、戈等武器與鏡子等則會在儀式上使用。

使用無紋土器與青銅器的這個時代，發現了各式各樣的墓。其中特徵最明顯的就是石棚墓。石棚墓的特色是在埋葬亡者後會於地面豎立石塊，再於最上方擺設巨

朝鮮半島主要的史前遺址

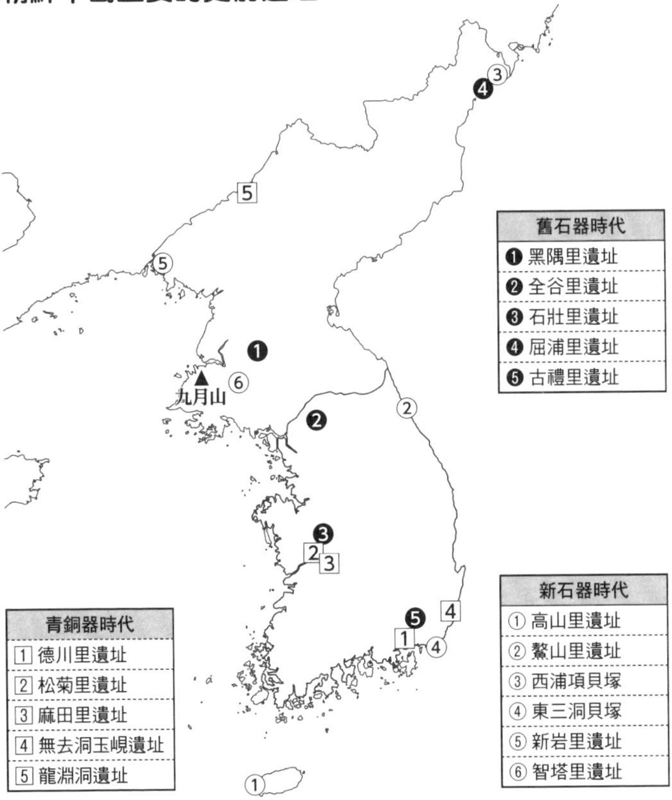

舊石器時代	
❶	黑隅里遺址
❷	全谷里遺址
❸	石壯里遺址
❹	屈浦里遺址
❺	古禮里遺址

青銅器時代	
1	德川里遺址
2	松菊里遺址
3	麻田里遺址
4	無去洞玉峴遺址
5	龍淵洞遺址

新石器時代	
①	高山里遺址
②	鰲山里遺址
③	西浦項貝塚
④	東三洞貝塚
⑤	新岩里遺址
⑥	智塔里遺址

江華史前石墓
（位在仁川市江華郡）

石。棺材擺在地上後豎立大型石板的是北方式，棺材埋在地底後堆疊小石塊再設置巨石則為南方式。慶尚南道的德川里遺址，就有東西十七・五公尺、南北五十六公尺的巨大L型石棚墓。由於石棚墓在營造上需要龐大勞動力，可以看出埋葬的人物在該聚落應屬於統治者階層。青銅器就是從石棚墓挖出的陪葬品。

石棚墓發源於歐洲，世界各地都可看見，其中尤以朝鮮半島特別多。分布在韓國北部與南部的「高敞、和順、江華的史前墓遺址」就被聯合國教育、科學及文化組織列為世界文化遺產。

農業誕生與勢力爭奪

新石器時代末期人們開始農耕生活。北朝鮮智塔里遺址挖出了炭化穀物顆粒、石鍬與鐮刀，據信當時農作物包括大麥、小麥、黍、高粱、大豆與紅豆等。

人們正式展開稻作是在西元前七百年左右。除了從忠清南道松菊里遺址的房屋遺跡中，挖出了約三百九十五克的炭化米外，同屬忠清南道的麻田里遺址與蔚山市的無去洞玉峴遺址等，都發現了水田的遺構。

適合耕作的丘陵斜面與扇形地形成聚落後，聚落內就逐漸出現貧富差距。再加上多個聚落共用相同水源，聚落之間在收成上出現落差，進而引發糾紛。因此聚落開始選出統率的領導者，並以溝渠圍繞聚落以抵禦外敵攻擊，形成所謂的環濠聚落。以朝鮮半島中部為主成形的這個文化，稱為松菊里文化。

到了西元前三世紀左右，從中國大陸傳入鐵器。當時的中國大陸已經是多國爭奪勢力的戰國時代（西元前五世紀～西元前二二一年），鐵製武器與農具都已普及。這些國家當中對朝鮮半島影響最大的，是統治現在中國河北省、遼寧省與朝鮮半島西北部的燕國。北朝鮮的龍淵洞遺址就找到了燕國貨幣——明刀，以及槍、矛、斧等武器，還有鍬、鋤頭等農具。隨著鐵器鑄造技術傳來，糧食產量增加，聚落也跟著擴大，聚落之間的紛爭也益發劇烈。在這樣的社會演變中，逐漸誕生了朝鮮半島的古代國家。

神話與考古學的夾縫

史籍記載朝鮮半島最古老的國家為「古朝鮮」，由相繼興亡的「檀君朝鮮」、「箕子朝鮮」與「衛氏朝鮮」這三個王朝組成。「朝鮮」一詞最早可追溯至西元前四世紀的中國，在中國古代的史書中便記錄有朝鮮之名。不過，當時的朝鮮並非是指整個朝鮮半島，而是朝鮮半島西北部至中國遼東一帶區域，不過至少可以肯定的是，當時這個地區存在著名為「朝鮮」的勢力。順帶一提，為了與十四世紀建國的朝鮮王朝有所區別，至十三世紀末期為止，凡是指稱古代的朝鮮國時，都會在國名前加上「古」字，以「古朝鮮」來指稱。

關於古朝鮮最初的王朝——檀君朝鮮則有下列傳說。

天庭統治者——天帝桓因命令兒子桓雄統治人間。桓雄降臨在太伯山神檀樹下時，住在山中的老虎與熊向祂許願：「我想成為人類。」因此桓雄便分別給雙獸一把魁蒿與二十顆蒜頭，要求牠們待在洞穴裡一百天不要照到太陽。結果覺得修行太辛苦的老虎半途放棄，熊則堅持下去並在第二十一天化為女性。桓雄娶熊女為妻後生下的正是檀君王儉。

相傳檀君成年後，建立起一個名為「朝鮮」的國家，成為朝鮮的開國國君。檀君在位統治一千五百年後，禪讓給從中國逃離戰火而來的商朝宗室箕子，接著便隱遁山中成為山神，活到一千九百零八歲才辭世。當然，從現實層面來說熊不可能變成女性，其生下的孩子也長壽得太過奇異，因此在後世觀點裡檀君朝鮮自然被視為一則神話。

以朝鮮半島山區為主的地域，自古就流傳著崇拜熊為山中之神的信仰，也視同樣壯碩的老虎為神聖的獸類。據信民間對熊與老虎的敬畏，就源自於檀君神話。一九八八年的首爾奧運官方吉祥物是兩隻老虎，二〇一八年的平昌冬季奧運則是白虎與熊。此外將韓國足球國家隊稱為「太極虎」等，也是受到神話的影響。

來自中國的流亡王族

檀君禪讓的對象——箕子又是何方神聖呢？其實他並非出身朝鮮半島，是中國古代王朝——商朝的王公貴族。他身為商朝紂王的叔父，原本在北方統治箕國，卻因進諫疏於政務的紂王而淪為奴隸。

後來其他新崛起的勢力擊潰紂王，隨著商朝滅亡，箕子一同與商朝遺民逃到朝鮮半島的西北部。在中國成立新王朝的周朝第一任君主——武王有感箕子是位賢者，便封他為侯，命箕子統治朝鮮地區。由箕子一族統治的朝鮮國在後世就稱為箕子朝鮮，傳說中箕子教導朝鮮人民禮儀規範、農事與養蠶等技術，並頒布法律《犯禁八條》。《犯禁八條》的細節並沒有流傳下來，但據說是類似「殺人者死罪」、「傷人者應賠償穀物」這類刑罰規章。

雖然箕子是歷史上實際存在的人物，但有關他逃到朝鮮並統治該地區的最早歷史紀錄，卻是中國西元前一世紀至西元一世紀間編撰的史書《史記》與《漢書》。成書於此前的史籍並沒有提及。

箕子朝鮮從西元前十二世紀開始持續了近一千年，期間的動向幾乎無從得知。從中國史書《魏略》可以得知，箕子的後代脫離周朝統治自立為王，與相鄰的燕國形成對立關係。

西元前二二一年，秦朝統一中國，秦始皇為了抵禦外族入侵，在遼東地區建築起綿延高聳的城牆（長城）。史書《魏略》記載箕子朝鮮的君主驕虐無道，畏懼大秦的國力而臣服。秦始皇駕崩後不到五年，秦朝隨即滅亡，迎來項羽與劉邦兩大勢力激烈鬥爭的時代，許多人民為了逃離戰火而遷向朝鮮半島。

因此緊接在檀君朝鮮之後的箕子王朝同樣傳說色彩極濃，很難視為實際存在的史實。箕子朝鮮時代遺留下來的文物包括琵琶型銅劍、美松里型土器、石棺墓、石棚墓等，卻不足以證明箕子朝鮮的存在。但是如前所述，西元前四世紀左右在朝鮮半島西北部至中國遼東地區之間，真的有個名為「朝鮮」勢力存在。因此普遍認為是後世將這個朝鮮與箕子朝鮮連結在一起。

真實存在的古王朝

古朝鮮中唯一在學術界認同為實際存在過的朝代是衛氏朝鮮，建國者是燕國出身的衛滿。

西元前二〇二年，劉邦戰勝項羽，登基為帝，再次開創統一王朝漢朝（西漢）。可是劉邦很快就開始畏懼立下戰功的部屬分封各地，成為諸侯王後會擁兵奪權，因此展開了一系列的政治肅清。封地位於東北的燕王舉兵反叛，最後敗北逃往北方。此時，燕王麾下的衛滿帶著部下亡命朝鮮。當時箕子朝鮮的君主箕否之子——箕準信賴衛滿，便交付西部守備的要務，並賦予自治權。衛滿接收了數萬名從西漢流亡而來的人民，勢力逐漸壯大，不久後便以護衛箕準的名義直搗首都王險城（現在的平壤市），篡奪王位。箕準無計可施，只能逃亡。

衛滿從箕子的末裔箕準手中奪走王位這一事件，僅出現在《魏略》，稍微缺乏可信度。但是衛滿率眾逃往朝鮮並建國一事，卻普遍公認為史實。據信衛氏朝鮮創立於西元前一九五年，衛滿繼承前王朝，以王險城為首都，並以流亡朝鮮的人們為核心，同時廣納當地的世家大族，逐漸鞏固政權的基盤。另一方面，衛氏朝鮮也對漢朝俯首稱臣，由此獲得自治權。

衛氏朝鮮透過農耕以及與漢朝的貿易而繁盛，但是衛滿之孫——衛右渠卻妨礙周邊國家對漢朝的朝貢（參照45頁的圖示），因此遭到漢朝第七代皇帝漢武帝攻打。衛氏朝鮮於西元前一〇八年滅亡，同時也迎來古朝鮮的結束。

耐人尋味的朝鮮半島偉人①

所有朝鮮民族的起源

檀君

（西元前24世紀？～西元前4世紀？）

被視為朝鮮民族的始祖

檀君在現在的平壤建築了首都──王險城，後來又將首都遷至推測是現在北朝鮮黃海南道九月山的地方後，正式在此治理國家。

儘管檀君只是傳說中的人物，但是十三世紀左右人們開始推崇檀君是朝鮮民族的始祖。1949年韓國政府為了紀念檀君朝鮮的建國，便將10月3日定為國定假日「開天節」。後來韓國更開始使用檀君紀元法（檀紀），依據據信為檀君即位的西元前2333年定為元年，官方並在1948～1961年間使用這套曆法。

後來在北朝鮮平壤郊外發現據說是檀君陵的石塚，將挖掘出的人骨送交北朝鮮學術機構鑑定後，判定是約五千年前的骨骸。不過這只是北朝鮮單方面的說詞，與傳說中的檀君紀元也有數百年的落差，所以是否真為檀君陵仍有待商榷。

chapter 2

三強之爭

漢武帝設朝鮮四郡

漢朝的漢武帝北征消滅衛氏朝鮮後，為了控制朝鮮半島，於西元前一〇八年設置了行政機構樂浪郡、臨屯郡與真番郡，隔年又增設玄菟郡，並稱為「漢四郡」。關於四郡實際位置眾說紛紜，據信真番郡在樂浪郡的南邊，但是究竟是靠近朝鮮半島的西南海岸還是東南海岸，目前學界定論仍尚有分歧。也有人認為雖說是南側，但是當時的朝鮮半島南部因許多小部族而紛亂，所以應是現在首爾至忠清北道一帶的朝鮮半島中部才對。

漢四郡僅直接統治主要據點與周邊地區，勢力範圍並未涵蓋整個朝鮮半島。漢四郡之間以主要幹線連結，並有從漢朝派來的官員，而搬來此處的漢人也逐漸定居下來。未設郡的其他地區則採用間接統治的方式，在維持帝國影響力的同時將自治權交給當地諸侯。

這是因為在四郡鞭長莫及的廣大地區裡，仍有許多對漢朝統治反感的當地諸侯，

漢四郡推測圖

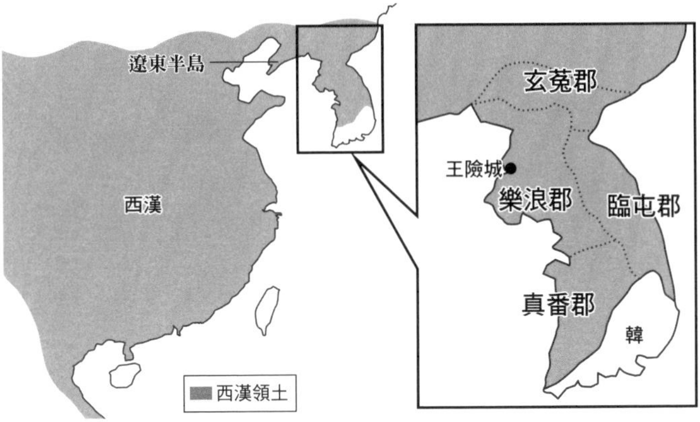

光憑派任至此的漢人不可能駕馭；何況統治需要耗費龐大費用與軍力，間接統治成為最合理的選擇。對漢朝來說，朝鮮半島地處邊疆，自然沒有統治整個朝鮮半島的幹勁。

猶如要證明這件事一樣，臨屯郡與真番郡在設置二十年左右的時候廢除。因為反抗漢朝的部族擴大，使郡很難繼續運作下去。玄菟郡也敵不過高句麗、扶餘等勢力，遷移到遼東半島。最後朝鮮半島僅剩下樂浪郡，使漢朝的影響力大幅降低。

樂浪郡在這之後還存續了將近四百年，期間漢朝一度滅亡又復興。而西元二十五年復興的這個王朝，稱為東漢。皇帝的權威在東漢末期盡失，形成群雄割據的局面。其中原本負責治理遼東一帶的公孫度將樂浪郡收入囊中，正式踏進了朝鮮半島。西元二〇四年，公孫度之子——公孫康在樂浪郡南部設置帶方郡。帶方郡所在處同樣眾說紛紜，從現在首爾市至北朝鮮黃海北道、南道的說法都有。

公孫康以帶方郡為據點，在朝鮮半島東南部各族之間都具備影響力。東漢滅亡於二二〇年，中國大陸分為魏、吳、蜀三國。公孫康表面上臣服於魏國，企圖以半獨立的方式維持勢力。

但是公孫康一獨立稱王，魏國就派遣名將司馬懿消滅了公孫勢力。就這樣樂浪郡與帶方郡都列入魏國版圖，後來司馬懿之孫——司馬炎發動政變扳倒

當時的日本

史書《三國志》中有提到當時的日本，並以〈魏志倭人傳〉為題。裡面提到邪馬台國女王卑彌呼透過帶方郡派遣使者至魏國，獲魏國皇帝封為「親魏倭王」。卑彌呼過世後即位的新女王台與，則派遣使者至晉朝。

魏國宗室，於二六五年開創新王朝——晉朝（西晉）。但是西晉成立後沒多久就屢次政變與內亂，最終失去了在朝鮮半島的影響力。

在北方逐漸擴張勢力的高句麗，趁隙攻向樂浪郡與帶方郡，並於三一三年左右滅掉兩郡。在南方分成三大小國群的韓族也開始整合成國家。朝鮮半島將近四百年的漢人政權終於落幕，當地各族建立起各自的國家。

三大勢力鼎立南半島

在朝鮮半島設有中國王朝行政機構的時代，朝鮮半島東北部有「沃沮」與「濊」等勢力存在，更北方則有扶餘與高句麗；南部則以韓族為主。

韓族概分為「馬韓」、「辰韓」與「弁韓」這三大勢力，並稱「三韓」。三韓均為許多小國組成的聯盟。其中勢力最龐大的馬韓有五十多國，辰韓與弁韓分別為十二個國家，且各國都有自己的首長。

隨著時代演進，西元八年中國西漢滅亡，取而代之的是新朝，在當時留下辰韓首長向樂浪郡投降的紀錄。馬韓雖然擁有強大的首長，但是首長權力有限，僅是團體的領袖而已。當時各國都很重視祭祀，因此設有神官。

在中國後來的史書《後漢書》與《三國志》中，都有三韓的相關記載，可是現今仍存有許多未解之謎。

建國始祖從蛋中出生？

朝鮮半島中第一個整合成國家的部族，是貊族中的高句麗族，其建立的國家稱為「高句麗」。

高句麗的建國經過，是以神話的形式流傳後世。傳說中，扶餘的金蛙王在白頭山的南麓遇見一名名為柳花的少女。柳花是河神之女，她與天帝之子解慕漱相愛，卻因為得不到天帝的認同而被逐出天界。金蛙王將柳花帶回自己的國家後，柳花在照到陽光後懷有身孕，生下巨蛋，過沒多久一名男孩破殼而出。這位男孩就是高句麗的始祖——朱蒙（東明聖王）。

被金蛙王當成王子養育的朱蒙，自幼就擁有能拔起大樹的怪力，射箭技術高超到可以一箭射中多個獵物的程度。金蛙王的其他王子視擁有這般神力的朱蒙為威脅，數度下手暗殺但全都以失敗落幕。對多次暗殺感到心痛的柳花，便勸朱蒙離國，因此朱蒙便帶著隨從前往國外，並在鴨綠江支流處的卒本（現在中國遼寧省本溪市桓仁滿族自治縣）建立起高句麗國。不只是

三韓與周邊國家勢力

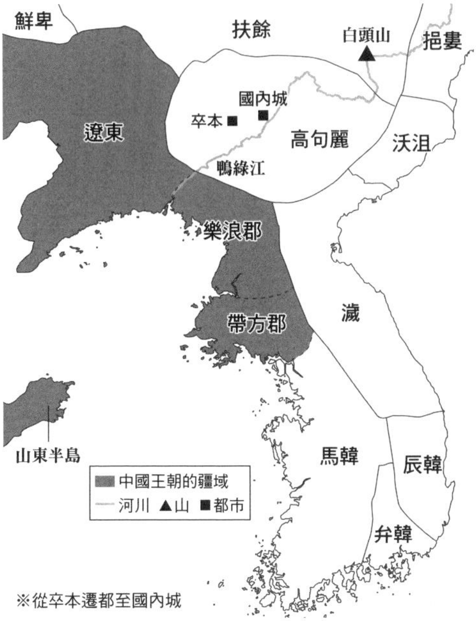

朝鮮半島，古代許多國家也都流傳有建國者從蛋中出生的神話，想必這是為了提高建國者神祕性的敘事手法。

十二世紀中期編撰的《三國史記》（參照109頁「高麗時代的文化」一節）提到高句麗成立於西元前三十七年。《漢書》則記載西元前一〇七年設置的玄菟郡為高句麗族居住地，並將該處稱為「高句麗縣」。

南下朝鮮半島的高句麗

建國初期的高句麗是五個部族組成的聯邦國家，君主的權力有限。西元二十二年，東明聖王之孫——大武神王討伐侵略而來的扶餘帶素王，戰勝後收留了許多扶餘遺民，進一步擴張高句麗勢力。第六代的太祖大王整合了部族，並正式建構出國家的體制。

西元二世紀末，當時的高句麗王伯固（《三國史記》記錄為第八代的新大王，但據信應為第九代的故國川王）過世後，王子們為爭奪繼承權而掀起內鬨，最後由獲得四個部族支持的伊夷模（據信為第十代的山上王）即位。對此不滿的哥哥拔奇尋求統治樂浪與帶方郡的公孫康協助，奪得高句麗的發跡地——卒本。戰敗的山上王於三世紀初期，在鴨綠江畔的國內城（現在的中國吉林省通化市集安市）建設新的國家，並建造山城——丸都城以鞏固防禦。後來山上王奪回了卒本，但仍繼續以國內城為首都。

三世紀前半的中國正處於三國鼎立的時代，當時高句麗受到降伏公孫康的魏國侵略，丸都城淪陷，第十一代東川王棄都逃往沃沮的領內。好不容易躲過魏國追殺的東川王，後來返回國內城，致力於高句麗的復興。

高句麗中興

復興後的高句麗，在第十五代美川王的領導下迅速成長。美川王本名為乙弗，是第十四代烽上王的姪子。烽上王生性多疑，處決了乙弗一族。逃過一劫的乙弗隱姓埋名，以鹽商的身分尋找有志人士，並於三〇〇年繼承王位。烽上王被趕下王位後自盡身亡。

美川王廢止了原本的部族制，制定了十三階官位。整頓完內政後也趁著中國混亂時南征北討，並於三一三年滅掉樂浪郡、隔年滅掉帶方郡。這也意味著朝鮮半島正式擺脫中國王朝的影響，並成為朝鮮半島中部以南發展出獨立國家的契機之一。

意圖進一步擴張領土的美川王，數次出兵遼東地區，與占領此地區的鮮卑族慕容氏交手。當時中國進入五胡十六國時代，華北地區小國分立又反覆興亡。在美川王逝世的三三七年，慕容氏建立了前燕。此後高句麗與前燕的對立就日趨嚴重。

同為扶餘末裔的百濟

朝鮮半島南部的三韓，是在四世紀左右整合成統一國家。三韓裡勢力最龐大的馬韓當中，有個名為伯濟國的小國崛起，整合周邊諸國後，以漢城（現在的首爾市）為首都，建立起新的王國「百濟」。

百濟同樣擁有建國神話。相傳朱蒙建立高句麗後，迎娶名為召西奴的女性為后。但是他已經與其他妻子育有繼承人，因此朱蒙與召西奴所生的兒子——沸流與溫祚擔心會被繼承王位的兄長殺害，便帶著家臣與人民離開高句麗。

兄弟倆來到漢城後卻出現意見分歧，主張以海邊為據點的沸流在彌鄒忽（現在的仁川市）建都，溫祚則在河南慰禮城（現在的首爾市）建都，家臣同樣分成兩派。受到十名家臣支持的溫祚將國號（國名）命為十濟，後來沸流的人民也投靠明君溫祚後才改成百濟。

在百濟的建國神話中，溫祚於河南慰禮城建都是為西元前十八年；可是根據目前歷史學界的研究，百濟應是在西元三世紀後半至四世紀前半之間成立。由於高句麗消滅了樂浪郡與帶方郡，造成馬韓各小國追求獨立，歷經反覆的勢力鬥爭後，才由伯濟國統一諸國。

百濟建國初期是否有君主存在，目前尚不明確，一直到四世紀中期，才以第十五代近肖古王之名，出現在中國史書《晉書》與日本《古事記》、《日本書紀》中。《古事記》記載照古王（近肖古王）派遣使者——阿知吉師（阿直岐）以及和彌吉師（王仁）晉見應神天皇；又根據《論語》與《千字文》等古籍，可以得知當時近肖古王還獻上馬。

近肖古王的時代有位從中國歸化百濟的博士——高興，為他們引進了漢字。此後百濟終於有文字可以傳播，史書中也載有高興此人。

當時的百濟與中國有邦交。五世紀的中國分成南北兩個王朝（北朝與南朝），稱為南北朝時代。目前已知當時的百濟會對南朝上貢。百濟的建國神話

當時的日本

當時的百濟與日本往來密切，日本史書上很常看見百濟王的身影。現在被指定為國寶的「七支刀」就是四世紀左右百濟獻給日本的貢禮。七支刀上有六處往外岔出的設計，據信是祭祀用的物品。

中與高句麗一樣自稱扶餘末裔，據信是因為當時高句麗向北朝上貢，所以想在外交上強調對等的立場以抗衡高句麗。

接著看看朝鮮半島各勢力與中國王朝的關係吧。朝鮮半島的國家與各方勢力，總是面臨中國王朝的威脅，因此每年都會派使者前往中國王朝獻上貢品，此稱為「朝貢」。這時中國皇帝也會提供本國產物作為回禮，並授予前來朝貢的君主「王」這一封號，認同其對該地的治理權。這樣的儀式就稱為「冊封」。

朝鮮半島各大勢力就像這樣被納入中國王朝的庇護，以其權威為後盾牽制周遭敵對勢力。朝鮮半島各大勢力與中國王朝的如此關係，一直維持到十九世紀末。

然而，高句麗對百濟來說始終是很大的威脅，因此便與新羅結盟以對抗高句麗。

百濟於三六九年以出其不意的襲擊打敗侵略而來的高句麗軍，又於三七一年進攻高句麗，高句麗第十六代故國原王在此一役中戰死沙場。

朝貢與冊封形成的雙方關係

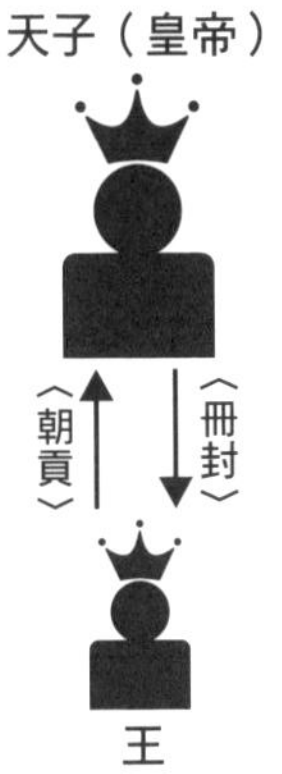

統治新羅的三大王族

接下來一起探討辰韓吧。四世紀後半，辰韓以十二國中的斯盧國為中心開始整合勢力，並於五〇三年定國號為新羅。

流傳至今的新羅建國神話，描述新羅的創立可追溯至西元前五十七年。根據神話內容，新羅的建國時間比起高句麗、百濟神話更加古老，不過卻難以認定為史實，據信是後世捏造出來的。

神話中斯盧國所在的慶州盆地（現在的慶尚北道慶州市）中，有六個源自古朝鮮的有力村莊。某天，族人在森林裡發現一顆蛋，並生出一名男孩，由於這顆蛋與葫蘆差不多大，所以就以意指葫蘆的「朴」作為他的姓氏，命名為赫居世。朴赫居世十三歲的時候，六大村莊因其非凡的出身而決定推舉他為王。這就是新羅第一代君主──朴赫居世居西干。新羅從六世紀初期開始，便會稱君主為「居西干」、「尼師今」與「麻立干」等稱號。

5世紀後半的朝鮮半島

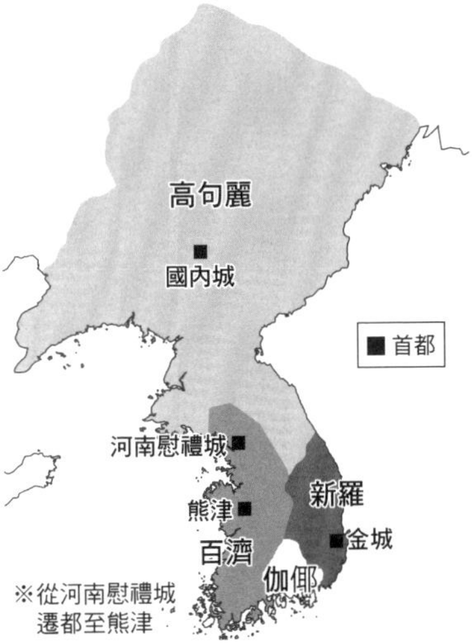

朴赫居世之子朴南解成為第二代君主。朴南解是知名賢君昔脫解的女婿，所以被指名為下一任君主。昔脫解同樣是從蛋生出來的。新羅王位到第十二代為止，都是朴氏與昔氏交替，直到第十三代才傳到金氏的金味鄒手中。金味鄒的祖先是從昔脫解從天上賜予的金色小盒子出生的，所以才賦予其金氏。金味鄒是第七代子孫，迎娶了昔氏女後登上王位。金味鄒之後又隔了三代才再度出現昔氏君主，但是從第十七代奈勿王起就一直由金氏掌握王權。

朴氏、昔氏、金氏的始祖不是從蛋中就是從箱子中出生，共通點是均非辰韓出身。六大村莊是指後來在新羅成為有力部族的六部，推測應是擁有不同神話的朴氏、昔氏、金氏這三個氏族輪番統治六部，六部在政權交替當中逐漸整理出前述的新羅建國神話。新羅擁有獨特的文化，也是政教合一的國家，君主的主要職責就是主掌祭祀並統合六部。

成為附庸國

新羅從建國時就在對抗百濟、弁韓之餘，承受來自高句麗的極大壓力。再加上隔海的倭國（當時的日本）同樣帶來威脅，因此便將質子分別送往高句麗與倭國，以保和平。

新羅從斯盧國時期開始，就在慶州盆地建立金城作為王城，並在金城東南側的丘陵建造王宮——月城。慶州盆地一帶原本就屬於六部勢力範圍，自然成為新立國的新羅王都。慶州在古代被稱為徐羅伐，如前所述，直至五〇三年才在第二十二代智証麻立干統治的時代，正式命名國號為新羅。據信新羅這個國名，就源自於其前身斯盧國與徐羅伐。

就這樣朝鮮半島從四世紀後期至六世紀之間，陸續成立高句麗、百濟與新羅這些國家。這些國家各自獨立，有時結盟有時敵對，形成了三強鼎立的局面。而這三個國家在朝鮮半島爭奪霸權的時代，稱為「三國時代」。

三國之外的聚落聯盟

儘管是三國時代，其實在朝鮮半島還有另外一個勢力存在，那就是源自於弁韓的「伽倻」。伽倻所在地區緊鄰新羅與百濟，由於當地盛產鐵，自古就成為向周邊國家輸出鐵製武器與農具的地區。然而伽倻並未像百濟或新羅成為統一的國家，而是維持許多小規模聚落城邦林立的狀態。伽倻在文獻中也被記載為「加羅」或「伽耶」。

二到三世紀的期間，伽倻中勢力最雄厚的是金官伽倻，相傳始祖首露王是從金蛋中出生的。伽倻神話提到天庭降下六顆蛋，第一個出生的首露成為金官國君主，剩下五顆蛋生出來的分別統治大伽倻、安羅、古寧伽倻、星山伽倻、小伽倻這五個國家，並稱六伽倻，是伽倻地區的勢力核心。從實際情況來看，可以解釋為弁韓地區的多派勢力透過共通的神話團結，並推舉金官伽倻為盟主。

伽倻與日本關係密切，《日本書紀》就提到日本在該地設置了「任那日本府」這個行政機構。據信這是日本政府交易與文化交流的據點，也是將觸角伸至朝鮮半島的軍事基地。另有一說認為當時的日本降伏伽倻，並攻打了百濟與新羅。但是這個說法被韓國學術界否定，日本學者之間也有意見分歧，目前仍無定論。

四世紀時金官伽倻的勢力衰退，大伽倻興起。但是六伽倻對於要靠攏新羅、百濟還是倭國爭論不休，缺乏團結。

廣開土王的強盛期

話題回到高句麗。美川王擴張領土之後，又在第十六代故國原王時代遭前燕攻擊而失去丸都城。故國原王答應臣服前燕以避免滅亡，卻被從南方進攻的百濟奪走領土，連故國原王自身敗給百濟的近肖古王，導致國內陷入混亂。

幸運的是曾為威脅的前燕滅亡，高句麗與消滅前燕的前秦交好之餘，也致力於恢復國力、穩定內政與振興文化。這段期間，高句麗於三七二年接納了從前秦來訪的僧侶順道，三七五年創建肖門寺與伊弗蘭寺推廣佛教，並且創設教育機構——太學，推動以儒學為主的教育。

終於鞏固內政的高句麗，在第十九代的廣開土王在位期間一口氣拓展勢力。廣開土王除了好太王這個別稱外，由於年號定為永樂，因此又稱為永樂太王。由於他迅速拓展了高句麗的領土，所以普遍稱他為廣開土王。

廣開土王登基於三九一年，發兵進攻百濟後很快就攻下十城。到了三九六年時，百濟的五十八座城池與七百個村莊都已經淪陷。百濟的第十七代阿莘王獻上質子與奴隸宣示效忠高句麗，但是同時他也將質子送到倭國求援，引來廣開土王再度進攻百濟。結果導致與高句麗有從屬關係的新羅受到倭軍攻擊，為此高句麗派軍救援並一路追殺倭軍至「任那加羅」（位置眾說紛紜）。

廣開土王盯上的不只南邊，同時也放眼北邊。他攻擊遊牧民族——契丹族，救出被俘虜的高句麗人民；更在四〇〇年時戰勝在前秦滅亡後掌控中國大陸東北部的後燕，四一〇年時降伏北邊的東扶餘，統治了中國大陸東北部全境。

現在位於北朝鮮北部至中國吉林省一帶的高句麗歷代王陵與古城遺址，統稱為「高句麗古墓群」，已經被聯合國教科文組織列入世界文化遺產。這些遺跡能夠幫助我們認識遷都前的高句麗文化與社會面貌，是相當重要的現存遺產。

高句麗第二十代的長壽王是廣開土王之子，四一三年登基。登基後便在國內城東北側的鴨綠江岸邊，建造了讚頌父王功績的石碑。高約六・三公尺、寬約一・五公尺的石碑上，刻有一八〇二個漢字。這座名為「廣開土王碑」（好太王碑）的石

碑，是一八八〇年由集安農民發現的。雖然有局部無法判讀，但是從高句麗建國神話到廣開土王事蹟都詳細記載，因此成為認識高句麗歷史的重要史料。本書介紹至此的內容，也有很多都是解讀廣開土王碑後所得知的。

廣開土王碑也有提到倭國。石碑提到的廣開土王與倭國之戰，應是日本史書上提到的神功皇后征伐三韓。但是雙方記述年代落差甚大，日韓學術界對碑文的解釋也有分歧。

長壽王活至九十八歲，在位期間長達七十九年，故稱長壽王。長壽王在位期間，也是高句麗在五至六世紀間最繁盛的時期。長壽王目標統一朝鮮半島，因此於四七二年遷都至平壤。當時的王都位在大城山城一帶，也就是現在北朝鮮平壤市東北側六公里遠處。

然而，對高句麗勢力持續擴張而產生危機意識的新羅，與曾為敵對關係的百濟於四三三年結盟，共同對抗高句麗。但是高句麗仍然將新羅納為屬國，並派遣軍官統率新羅士兵。

長壽王於四七五年攻陷百濟首都——漢城，處決了欲逃亡的百濟王。至此百濟可以說是一度滅亡了，但是新羅與百濟的同盟關係仍悄悄維持著，新羅更收留了前來求援的百濟王子。

百濟復興

因漢城淪陷而滅亡的百濟，是在第二十二代文周王手中復興。文周王在新羅援助下，於四七六年將熊津（現在的忠清南道公州市）設為首都重振百濟。到了第二十五代的武寧王時，國力更是恢復到足以與高句麗一戰。百濟不僅與新羅保持良好關係，為了對抗與中國北朝交好的高句麗，也與南朝、倭國交流，試圖在外交層面建立起優勢。據說武寧王登基前也送質子至日本，因此日本也保留有他的血脈。

武寧王之子——第二十六代的聖王在即位後的五二九年，受到高句麗攻擊並慘敗。因此便從熊津遷都至泗沘（忠清南道扶餘郡扶餘邑）企圖復興。據信這位聖王

（聖明王）就是將佛教傳到日本的人物。在這之前日本已經透過民間交流等知道佛教，但是聖王是第一個將佛像與佛經引介給日本朝廷之人。因此聖王將派遣使者到倭國的五三八年（一說為五五二年），被視為日本的佛教公傳年。

順帶一提，熊津與泗沘的百濟王城遺址，以及定林寺遺址（位在扶餘邑）、彌勒寺遺址（位在全羅北道益山市）等佛教寺院遺址群，同樣以「百濟歷史遺跡地區」的名義，列入聯合國教科文組織的世界文化遺產清單內。

新羅崛起

長年屈居在高句麗之下的新羅，在六世紀成功擴張

勢力。第二十三代的法興王，除了重新整頓屬於統治階層的部族——六部，並制定十七個等級的官階制度之外，還新設輔佐王的特殊職位——上大等，藉由制定律令來集中權力。此外，法興王也創建兵部主掌軍事，藉此強化軍事實力，同時啟用新羅國內的年號。儘管六部對此頑強抵抗，卻仍然不敵法興王，新羅也在改革下提升了國力。

西元五二七年，新羅朝廷引進佛教，並建了新羅第一間佛教廟宇——興輪寺。後來，蒙受官方庇蔭的佛教就逐漸以王室宗族為中心發展起來，漸漸地在新羅國內普及開來。

儘管曾與盟友——百濟為爭奪伽倻而對立，但是法興王也與百濟王族聯姻並維持友好關係。五二二年與大伽倻王家聯姻，又於五三二年滅掉金官伽倻，命其王族臣服於新羅。

在如此局勢下，實質上與亡國無異的伽倻，有部分勢力向海外的倭國求援，因此倭國便伺機於五二七年進軍新羅。可是倭國的大和王朝派兵新羅一事，卻被九州的有力豪族磐井阻攔，史稱磐井之亂。據說是害怕倭軍來襲的新羅暗地與磐井結盟，但是實際原因不明。

新羅與百濟聯手之後，高句麗的南進動向就此陷入停滯，甚至開始戰敗。再加上高句麗國內為了第二十一代的文咨明王身故後的繼位者陷入內亂，以及臣下反叛等事件，導致國力大幅衰退，因此五五一年新羅與百濟的聯軍成功奪回曾為百濟首都的漢城。

然而隨著高句麗的國力逐漸衰弱，新羅與百濟的盟友關係也在西元五五三年宣告終止。此前，新羅第二十四代的真興王奪走漢城，憤怒的百濟聖王聯手伽倻進攻新羅，卻在戰爭中葬命。新羅趁勝追擊，於五六二年攻陷大伽倻，這一役使得伽倻諸國的領土完全成為新羅的囊中之物；而大伽倻的滅亡，也使朝鮮半島迎來真正的三國時代。

雖然新羅持續對外擴張，卻遭受高句麗與百濟的頑強抵抗，這樣的困局持續了好幾年。直到中國再次統一的新王朝將觸手伸向朝鮮半島，破壞三者的平衡。

隋朝進逼朝鮮半島

三國征戰不休的六世紀末，中國北朝的隋國於五八九年統一了南朝。於是三國便向隋朝進貢以構築友好關係。最早進貢的百濟馬上就獲得認同，新羅也緊追在後。國土與隋朝接壤的高句麗則承受莫大的壓力。

在如此情勢下，生活在現在中國東北部的靺鞨族當中，不願意追隨高句麗的勢力逃進隋朝境內。高句麗追殺逃亡的靺鞨族時，引來隋朝領土遭入侵的不滿。畏懼隋朝的高句麗連忙鞏固防禦之餘，仍持續攻擊靺鞨族。

這樣的行為引發隋朝第一代皇帝隋文帝的震怒，便於五九八年派出大軍壓境，但是卻因為準備不足與天候不佳等因素迅速撤軍，高句麗毫髮無傷。接著高句麗的第二十六代嬰陽王向隋朝賠罪，總算收拾了情況。

隨著高句麗與和隋朝為敵的東突厥締結邦交，雙方關係再度惡化。再加上百濟與新羅請求隋朝討伐高句麗，因此隋朝第二代皇帝隋煬帝便於六一二年出兵高句麗。

朝鮮三國與中國王朝的戰爭

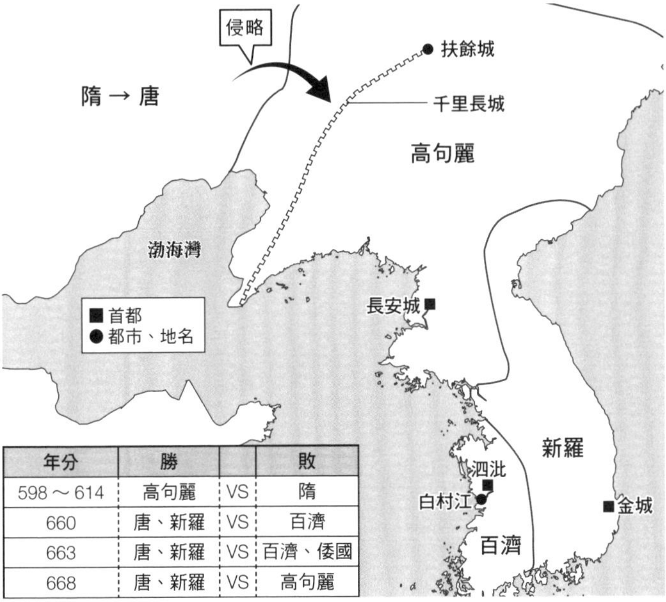

年分	勝		敗
598～614	高句麗	VS	隋
660	唐、新羅	VS	百濟
663	唐、新羅	VS	百濟、倭國
668	唐、新羅	VS	高句麗

第二次遠征當中，高句麗將軍——乙支文德假意投降後刺探隋朝軍情，撤退的同時誘使隋軍進入高句麗境內。趁著隋軍補給線延長不及的時候反擊，帶領高句麗大獲全勝。隔年，隋朝決定展開第三次遠征，卻因為國內發生動亂所以早早撤回國。再隔年的第四次遠征同樣因為國內局勢不穩，最終與高句麗談和後撤軍。

高句麗就這樣成功避開了大國——隋朝的侵略，但是頻繁的戰爭荒廢了國土，國庫也消耗殆盡。

唐朝威脅下誕生的政權

隋朝在不斷發生的動亂之後滅亡，六一八年由唐朝統一全國。隋朝滅亡的原因包括大興土木造成人民龐大的負擔，而遠征高句麗導致財政惡化並失去眾多士兵也是其中之一。

高句麗第二十七代的榮留王，派遣使者前往唐朝，希冀修復兩國關係。實際上，早在其兄嬰陽王在位的期間，高句麗就已經正式派遣使者至倭國，深化兩國交流。《日本書紀》中也記載，當時的高句麗以黃金塑造一尊金碧輝煌的佛像贈與倭國，以表兩國交好。除此之外，以使者身分來日的僧侶曇徵，也將顏料、紙張與墨水的製造方法傳入倭國。

西元六三〇年，唐朝消滅東突厥後，高句麗直接面臨的壓力頓時倍增。唐朝派遣使者至高句麗，要求他們安葬隋兵，並銷毀高句麗戰勝隋朝時建立的紀念碑。高句麗榮留王對此的回應，是在扶餘城（現在的中國吉林省長春市農安縣）至渤海灣之間沿著與唐朝的邊境建設起防禦城牆（千里長城），展現出迎戰的姿態。然而高句麗的國內重臣分成兩派，一派是認為應當遵從唐朝的穩健派，另一派則是主張徹底抗戰的強硬派。六四二年，負責長城建設的強硬派官員淵蓋蘇文，殺害榮留王與穩健派重臣共一百餘人，立榮留王的姪子為王，自己也掌握朝中實權。

淵蓋蘇文在魁儡王的身邊推行獨裁統治，準備與唐朝一戰。六四二年，新羅王室成員金春秋，為了與百濟一戰而造訪高句麗尋求支援，卻反遭淵蓋蘇文囚禁。高句麗更反過來與百濟結盟，意圖阻斷新羅與唐朝之間的通道，因此新羅轉而向唐朝求援。唐朝的第二代皇帝唐太宗遂於六四五年，親自率領大軍攻打高句麗。然而，高句麗的防衛固若金湯，唐朝只得暫時撤退。儘管唐朝後來又再度發動進攻，卻仍然被高句麗成功擋下。

新羅與唐朝攜手合作

高句麗遭隋朝與唐朝攻打期間，朝鮮半島南部又是如何呢？聖王遭新羅殺害，連漢城都被奪走的百濟，在第二十七代威德王至第三十代武王期間都與倭國結盟以對抗新羅。但是無法指望倭國派遣援軍後，便考慮轉而投靠隋朝。五八九年隋朝的第一次高句麗遠征中，百濟軍甚至以開路先鋒之姿帶領隋軍進入高句麗領土。

隋唐連番進攻使高句麗綁手綁腳之際，百濟第三十一代義慈王便積極攻打新羅。六四二年攻下了四十多座城池，占領了伽倻地區。

新羅在承受百濟攻擊的六三二年，誕生朝鮮半島第一位女王，也就是第二十七代的善德女王。新羅規定僅雙親都屬於王族的聖骨（參照70頁「按血統區分的身分制度」一節）才擁有王位繼承權，當時已無屬於聖骨的男性，只得推舉女王。傳說善德女王擁有神奇力量，在當時猶如百姓精神支柱的巫女。實務方面，則由自高句麗返國的金春秋、從金官伽倻王族變成將軍的金庾信，共同推展新的體制。

首先，他們摸索與唐朝交好之道。然而唐朝不僅不認同善德女王的統治地位，甚至企圖介入新羅朝廷，意欲立己方人馬為新羅王。這道來自唐朝的難題，使新羅國內的親唐派與反唐派嚴重對峙，進而爆發內亂。六四七年，善德女王親自領軍征討反叛的大臣，沒想到卻突然病逝。

金春秋與金庾信在據說是善德女王之妹的真德女王即位後，開始尋找在維護新羅王統之餘獲得唐朝援助的方法。後來他們廢除法興王以來的制度，採用唐朝的位階制度與年號，成功贏得唐朝的信任，並認同真德女王的新羅女王身分。真德女王逝世後，金春秋即位成為武烈王，唐朝與新羅終於正式結盟。

三度討伐高句麗失敗的唐朝，在六四九年唐太宗駕崩後，由唐高宗以第三代皇帝的身分登基。唐朝應新羅請求，協助攻打高句麗的盟友——百濟。六六〇年，唐軍從水陸兩側進攻百濟，同時金庾信也率新羅軍朝百濟行進。

百濟的義慈王自認為與新羅之戰占據優勢，鎮日飲酒作樂，不肯採納臣子意見，結果卻在白江（白村江，現在的錦江下游）迎擊唐朝水軍時大敗。雖然義慈王順利脫身逃到熊津，最終仍宣告投降，義慈王本人也在被帶往中國的路上病逝，百濟也於西元六六〇年正式滅亡。

曾與百濟建立盟友關係的倭國接收百濟遺民，並且在中大兄皇子的主導下出兵，以圖復興百濟。六六三年的白村江戰役中，日本與百濟殘存勢力所組成的聯軍擊敗唐朝與新羅聯軍，燃起了百濟再起的希望。

三國時代的結束

百濟滅亡的隔年六六一年，唐朝趁勢進攻高句麗。這時新羅的武烈王逝世，其子文武王在金庾信的輔佐下為唐軍補給。唐軍包圍高句麗首都平壤長達半年，卻始終無法攻陷淵蓋蘇文鎮守的長安城。順道一提，長安城又稱為平壤城，是五八六年完成的新居城，位在現在平壤市的市中心。六六六年淵蓋蘇文逝世，三子隨即爭奪繼承者的寶座，結果長子——淵男生落敗，遭弟弟逐出首都。淵男生向唐朝尋求援助，甚至提出願意親自領路攻打高句麗的提議。

六六八年，唐軍再度包圍平壤。在淵男生的策反下城內陸續出現倒戈者，歷經一年多的抵抗後，長安城終告陷落。這時在位的高句麗王寶藏王投降，高句麗宣告滅亡。雖然寶藏王被帶回唐朝，但是責任歸屬落在淵蓋蘇文一族，使寶藏王逃過一劫；協助唐軍的淵男生則獲唐朝封侯。

隨著高句麗滅亡，朝鮮半島的三國時代落幕，僅剩下新羅一個國家而已。

當時的日本

百濟滅亡後，倭國接收百濟遺民住在攝津（現在大阪府至兵庫縣之間的部分區域）並設立百濟郡。高句麗滅亡後同樣接納其難民，在武藏（現在的埼玉縣）設置高麗郡。這些百濟與高句麗遺民，在為日本帶來大陸文化的同時，也逐漸融入了日本文化。

支撐家國至最後一刻的勇將

階伯

（613～660）

其威猛足以擋下來勢洶洶的新羅大軍

階伯，是在新羅與唐朝聯軍進逼百濟王都的期間，挺身奮力抗戰的百濟將軍。

據說當新羅的大將金庾信帶領五萬大軍兵臨城下，階伯只能率領5000名士兵迎擊。即使情勢極為不利，然而在階伯的精神喊話下，百濟軍隊胸懷必死的決心，活用地勢之利，巧妙布陣，竟然四度成功抵擋住新羅猛烈的攻擊。據說雙方交戰期間，百濟還一度俘虜了新羅大將的兒子，卻考量到這名人質太年輕而放走。可是，百濟最終仍敗給大軍，階伯也在戰爭中壯烈犧牲。

儘管國家不敵聯軍、註定滅亡的結局再明白不過，階伯仍不願意背棄家國投降，捨命奮戰至最後一刻的精神，令敵將金庾信也不禁盛讚階伯的忠勇。

後世也視階伯為百濟最忠誠的忠臣，2011年韓國更推出以階伯為主角的電視劇《階伯》。

chapter 3

首度統一

統一新羅的成立

百濟與高句麗的滅亡，為三國時代畫下句號。但是殘存的新羅卻沒能順勢接收整個朝鮮半島，而這都是受到唐朝箝制的緣故。

對唐朝來說，新羅與百濟、高句麗同樣都是位在邊疆的他國，自然不願意旁觀新羅支配整個朝鮮半島。證據就在於唐朝消滅百濟後，隨即便於該地設置熊津都督府，冊封歸順唐朝的百濟舊王族為都督府之首，讓他們在唐朝的監督下享有自治權，可是此時期都督的權力比擁有自治權的王更加限縮。後來高句麗滅亡，唐朝又設置了安東都護府，同樣採取間接統治的手腕。唐朝這種間接統治周邊國家的方法，稱為「羈縻政策」。羈縻，是指牽繫牛馬的用具。事實上高句麗遠征時，唐朝也任命新羅的文武王為雞林大都督。

然而，新羅不願意聽任唐朝的支配，使得兩國關係惡化。六七〇年，新羅軍聯手高句麗遺民組成的軍隊攻打唐軍，揭開了戰爭的序幕。新羅不僅攻擊了唐軍，還封高句麗舊王族為高句麗王與之抗衡。隔年，新羅打贏駐紮在舊百濟領土的唐軍，將舊百濟領土納入版圖。對此唐朝聯合靺鞨族，以優勢軍力在朝鮮半島北部打壓新羅與高句麗遺民組成的聯軍。

戰爭期間唐朝撤銷了文武王的雞林大都督之位，文武王則派遣使者向唐朝謝罪，展現出表面上的臣服。儘管如此戰爭仍未平息，唐朝持續派軍攻打，然而各地都由新羅軍傳出捷報。

雖然唐朝考慮再度遠征新羅，但同時還有西方周邊國家必須應付，所以沒有將兵力分散到朝鮮半島的餘裕。結果唐朝在六七六年撤離了舊百濟領土與舊高句麗領土的都督府，放棄對新羅的討伐。新羅也旋即收回此前授予高句麗舊王族的權柄。就這樣在漫長歲月中分裂的朝鮮半島，終於被新羅統一。

學術界在為朝鮮半島劃分歷史時，將高句麗滅亡的六六八年起稱為「統一新羅時代」。新羅統一朝鮮半島之後，也整合了至今三國各自發展出的制度與風俗習慣。舊高句麗與舊百濟領土的百姓，也被迫依循新羅實施大規模的制度改革。

按血統區分的身分制度

統一前的新羅已經對首都——慶州的居住者實施名為骨品制的身分制度。這是按照血統制定身分的制度，將王族視為聖骨或真骨，並將貴族分成六頭品、五頭品與四頭品。其中只有雙親都是聖骨者才擁有王位繼承權。但是第二十六代真平王之後就沒有屬於聖骨的男性，因此便陸續立了善德女王、真德女王這兩位屬於聖骨的女王。真德女王駕崩後世上再無真正的聖骨，所以便由屬於真骨的金春秋接任新王。這之後的新羅王位，就由武烈王一脈傳承。

新羅制度中相當於宰相的職位稱為上大等，如前所述，上大等擁有僅次於王的權力。真德女王的時代還為朝中的官僚體制設置中樞組織——執事部，此後由執事部首長「中侍」負責實際的政令推行。負責實務的大臣官位當中，從一等至五等都由真骨獨占。六等至九等屬於六頭品、十等與十一等為五頭品、十二等至十七等為四頭品，各身分都有可升遷的官位上限。但是這個稱為「京位」的制度是專為新羅首都六部所設，其他地區另外設有名為「外位」的制度。外位的任命人選是以地方豪族為主。統一後整個官階都經過重新編制，中央政府分成十三個上級官廳，以及分屬這些官廳的下部組織。舊高句麗與舊百濟的重臣，也被納入新羅的新體制當中，以新羅人的身分過活。

新羅還有個名為花郎的獨特制度。會從名門貴族的子弟中，選出可造之材後加以培訓。花郎會接受嚴格的軍事訓練，並且精通歌舞樂曲，講究武勇、忠誠與團結。以花郎為首的青少年團體，稱為花郎徒。

屬於花郎的年輕士兵上戰場時，會抹白整張臉並塗紅臉頰。這種獨特的妝容象徵拚死一戰的覺悟，具有一種猶如附身狀態的催眠效果，強迫自己奮鬥至極限。堪稱新羅菁英部隊的花郎徒活躍時，有助於提高整體軍隊的士氣，在朝鮮半島的統一上有著莫大貢獻。

輔佐武烈王的金庾信就曾為花郎。金庾信原本是金官伽倻的王族，後來卻成為新羅統帥花郎的領導人物。侍奉武烈王與文烈王兩朝君主的金庾信，是實質上的新羅第二把交椅，身居眾臣中最高位的太大角干。

統一後戰爭數量銳減，花郎徒的培訓逐漸著重在藝術。六八二年的制度改革中，增設了針對下級官位的官僚培訓機構，除了貴族外也廣納有才幹的平民，使花郎的存在意義逐漸薄弱。

全國分成九大州

新羅首都是朝鮮半島東南部的慶州，王都位在慶州盆地一帶。其他地區則劃分範疇後設州，州以下依序為郡、村（城）。但是舊百濟與舊高句麗的領土合計後達原本領土的三倍以上，必須設置新的行政區劃。因此便將原本的村（城）改設為縣，州派遣都督治理，郡有郡太守、縣則有縣令。

此外也設置了副都，將曾為對抗高句麗的前線基地——國原城改稱北原京、平原城改為中原京，曾為金官伽倻首都之地稱為金官京，六八五年舊百濟的要衝之地則設置西原京與南原京。這些副都並稱五小京，在政治與文化層面彌補首都統治的不足，在地方叛亂時保護首都。

新羅的地方統治體制於六八七年完成，將全國劃分成九大州治理。曾為高句麗與百濟領土的地方各分成三州，原本就屬於新羅的地方分成三州，並稱九州。地方行政區劃的再劃分，有一部分也是為了讓高句麗與百濟遺民將新羅視為一個國家。

統一新羅的行政劃分

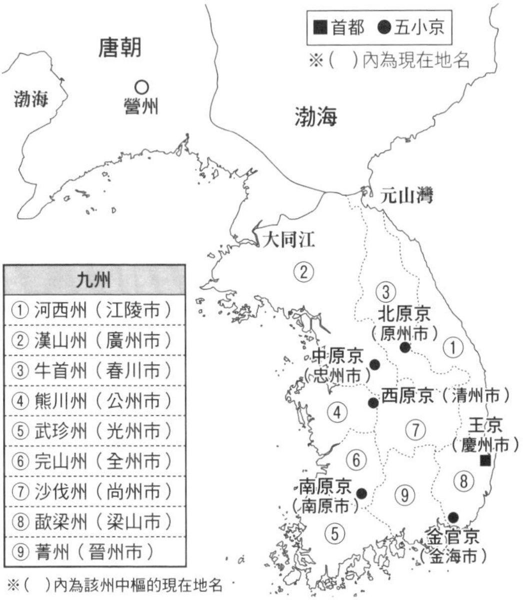

九州
① 河西州(江陵市)
② 漢山州(廣州市)
③ 牛首州(春川市)
④ 熊川州(公州市)
⑤ 武珍州(光州市)
⑥ 完山州(全州市)
⑦ 沙伐州(尚州市)
⑧ 歃梁州(梁山市)
⑨ 菁州(晉州市)

※(　)內為該州中樞的現在地名

軍制同樣也有改編。各地區自六世紀中期開始，就推動名為六停的六大步兵團增備，並於六八五年宣告完成。此外名為十停的騎兵軍團，則在六八七年左右整頓完成。另一方面，中央朝廷從六世紀前半就推展的步兵與騎兵混合軍團，於六九三年整頓完成。整個新羅的軍隊便是由新羅人組成的三個軍團、高句麗遺民三個軍團、百濟遺民兩個軍團與靺鞨族一個軍團構成，並稱九誓幢。

與日本的外交關係

如前所述，六六八年高句麗滅亡後，新羅與唐朝便形成對立的情勢。為確保南方安全，自白村江戰役後，新羅便向曾經敵對的倭國（後續稱日本）靠攏。到七世紀末為止，新羅共派遣二十五次使者前往日本。日本在相同的期間，也派遣九次使者至新羅作為回應。對日本來說，唐朝同樣是必須謹慎戒備的對象，且為了建構律令國家所需體制，也勢必引進新羅的制度與文物。

事實上，六七二年壬申之亂後即位的天武天皇就採取親新羅政策，後來的持統天皇時代也積極接納從新羅跨海而來的人們。當時的日本要求新羅朝貢，新羅也接受這樣的要求。但是隨著唐朝勢力退出朝鮮半島，新羅也整頓出完善的統治體制後，便期望與日本站在對等的立場上。

七三五年，新羅擅自將國號改成王城國，引來日本不滿。隔年，日本遣新羅使——阿倍繼麻呂不僅遭新羅冷待，還染上疾病殞命。這使日本與新羅的關係進一步惡化。新羅使者無法進入首都，只能待在九州大宰府（位於現在的福岡縣太宰府市）。同時日本朝廷也將進軍新羅的計畫端上檯面。對此新羅在王都南方建城，以便抵禦日本的侵略。後來新羅與日本於七八〇年斷交，正式斷絕官方往來。但是民間仍維持頻繁的貿易。

當時的日本

日本與新羅的對立也牽扯到了唐朝。753年，遣唐使大伴古麻呂在長安的新年朝賀與新羅使者爭奪席次，唐朝傾向了日方的主張，也使日本與新羅的關係更加惡劣。這一年日本的遣新羅使甚至拒絕晉見新羅王。

高句麗遺民脫逃

儘管新羅消滅高句麗，卻無法順利接收高句麗所有領土。新羅政權僅止於大同江與元山灣以南，擴及現在中國東北部的舊高句麗領土，有大半都握在唐朝手中。而且有許多高句麗的遺民，都遷移至唐朝為監視與治理東方各民族所設置的據點——營州（現在的中國遼寧省朝陽市）。

這段時期的唐朝由唐高宗的皇后掌握實權，並成立了新的王朝——周朝（後世稱武周）。這位皇后即是中國史上唯一一位女皇帝——武則天。武周採取恐怖政治，掠奪邊疆民族。

營州的契丹族與高句麗遺民，都在營州地方官員的高壓政策下苦不堪言。六九六年，難以忍受的契丹族發起叛變，高句麗遺民也趁機脫離唐朝，朝向故國之地，這時率領高句麗遺民的是曾被高句麗統治的民族——靺鞨族的乞乞仲象。靺鞨族分成多個部族，乞乞仲象即出身自粟末部（粟末靺鞨）。後來在乞乞仲象之子大祚榮的指揮下，高句麗遺民於六九八年在高句麗舊領土建立了「震國」（振國）。

大祚榮在擴張東方勢力之餘，也派遣使者至契丹族、新羅與日本以對抗唐朝。此外，這個時期的武周已經被推翻，恢復國號為唐。對此唐朝有時施以軍事方面的壓力，有時又採取懷柔政策，冊封大祚榮官職。

西元七一三年，唐朝第九代皇帝唐玄宗冊封大祚榮為渤海郡王。現今地理將遼東半島與山東半島之間的內海稱為渤海，而渤海郡正是位處面向這座海的陸域，屬於中國設置的郡縣。前述高句麗遺民建立的震國，便是坐落在渤海郡的東北側、距離相當遙遠的內陸。儘管如此，大祚榮仍然選擇在臣服唐朝的前提下保有自治權，因此便接受渤海郡王這個封號，也將國號改為「渤海」，自稱渤海王，從形式上向唐朝稱臣。

渤海藉此降低唐朝的警戒心後，第二代渤海王——大武藝就進一步擴張領土，陸續將分布在周邊地區的靺鞨各部族收入囊中。但是就在這時期，渤海卻也與建國時交好的新羅關係惡化。勢力持續南下的渤海與北上的新羅互相逼近，自然引發利害衝突。另一方面，渤海與唐朝的關係也變差，因此新羅便應唐朝要求，舉兵討伐渤海。儘管這次發起的遠征以失敗告終，但唐朝肯定新羅出兵的行為，兩國之間的關係也獲得改善。

面對敵國環伺，渤海於七二七年派遣使者至日本建立邦交。史料上便有渤海使者晉見聖武天皇，並致贈毛皮的紀錄。

第三代渤海王大欽茂為改善與唐朝的關係，頻繁派遣使者並積極攬入唐朝文化。唐朝冊封其為渤海國王，地位比郡王更上一層樓。

後來大祚榮之弟的四世孫（曾孫）——大仁秀於八一八年成為第十代王，此後渤海的王位便是由大仁秀這一脈的子孫繼承。大仁秀強化王權，將周邊各部族納入旗下，領土更擴張至現在的俄羅斯沿海地區，連敵對勢力黑水靺鞨都一併收服。

可是就在進入十世紀後，內亂與各部族不再臣服，導致渤海國力衰退。曾為後盾的唐朝於九〇七年滅亡後，渤海就在九二五年遭於北方拓展勢力的契丹族侵略，隔年王都淪陷，傳承十五代總計兩百二十八年的渤海就此滅亡。

渤海國的政權歸屬

初代渤海王──大祚榮建國時，身邊有許多高句麗遺民追隨。因此有人認為渤海是承接高句麗的朝鮮民族國家，有些人則視為中國邊疆民族所成立的地方政權，學術界的意見仍有所分歧。這個名為「渤海國爭議」的爭論，主要存在於中國、韓國與北朝鮮之間。

新羅將渤海與高句麗定義為各自獨立，並把十世紀成立於朝鮮半島的高麗視為兄弟國。現代的韓國與北朝鮮也將渤海視為朝鮮半島的王朝，將其與統一新羅並立的時代稱為「南北國時代」。

十一世紀編撰的中國史書《新唐書》則提到，渤海是附屬於高句麗的靺鞨族所建立，因此與高句麗是不同的國家。

二〇〇〇年代，中國開始推動研究中國東北部歷史的專案──東北工程，發表了渤海是中國地方政權的調查結果。再加上高句麗始祖──東明聖王是扶餘出身，所以也將擁有同系統建國神話的高句麗與百濟視為中國邊疆民族。這樣的論述想認為朝鮮半島是中國的一部分，從設置漢四郡的時代就根深蒂固，也對現代中國的歷史觀產生影響。

但是按照這個主張的話，新羅也會成為中國的地方政權。因此北朝鮮與韓國都對東北工程表示反彈，甚至演變成外交問題。儘管後來雙方透過學術性討論取得共識，避免將此化為政治層面的問題。但是現在雙方仍各有主張——中國將舊高句麗政權視為地方政權，韓國也依照自己的看法，製作了以大祚榮為主角的電視劇《大祚榮》。事實上，渤海可以說是由靺鞨族、契丹族與舊高句麗遺民等各族組成的多民族國家。

新羅佛教的繁盛

話題回到新羅。十二世紀編撰的《三國史記》將新羅歷史分成「上代」、「中代」

與「下代」這三個時期。上代從神話時代到繼承聖骨的真德女王為止，中代的期間約一百年，到統一三國時代的武烈王後裔——第三十五代的景德王為止。而中代正是新羅最繁榮的時期。

由文武王與神文王鞏固王權的新羅，改善了與唐朝間的關係後迎來穩定期。雖然第三十三代的聖德王與渤海對立，和日本之間亦齟齬不斷。但是獲唐朝冊封為新羅王後，在唐朝權威的支撐下，國家仍相當安定。

史料記載為王京的首都（現在的慶尚北道慶州市）位在東西八公里、南北十公里的狹窄盆地上，並仿效唐朝建設坊里制（如棋盤般的街區劃分）都城，王宮——月城周邊是貴族宅邸，再往外則設有西市、東市與南市。全盛時期區分成一千三百六十坊與五十五里，住有十七萬戶人家，是東亞數一數二的大城市。

宗教方面，新羅從六世紀開始奉佛教為國教，許多僧侶前往唐朝留學。而最多新羅人信仰的，則是華嚴宗。這段期間也建設了浮石寺、海印寺等總稱為華嚴十剎的寺院。據說光是王京就有四天王寺、感恩寺等兩百餘座寺院。其中於七五一年由景德王開始建造的佛國寺，至完工為止耗費了二十三年的歲月。佛國寺是現在韓國最大佛教宗派——曹溪宗的總本山，與同時期建立的石窟庵一起被登記為聯合國教育、科學及文化組織的世界文化遺產。慶州周邊的古墓、歷史文物等，也以「慶州歷史區」的名義列為該組織的世界文化遺產。

叛變頻仍導致衰退

儘管新羅繁盛至極，卻僅限於首都，農村益發疲弊。農民不僅得耕作自己的土地，還必須扛起各式各樣的重擔，包括國家直轄農地耕作、牛馬飼養、造林勞役、兵役等。

繁榮建立在農民辛勞上的首都，也絲毫稱不上平穩。八歲即位的第三十六代惠恭

王在位期間，就發生了數起叛亂。帶頭叛變的首腦均為貴族，他們試圖將政權從以王為頂點的體制恢復成貴族聯合制。第六起叛變在上大等金良相與金敬信共謀下，殺害了惠恭王。

惠恭王遇害後，便進入新羅的下代。下代可以說是貴族間為爭奪王位互相攻伐，政局十足混亂的時代。殺害惠恭王的金良相登基，自立為第三十七代的宣德王，卻在即位沒多久便病逝，由金敬信繼位成為第三十八代的元聖王。九世紀哀莊王在位的期間，新羅修復與日本的邦交。然而哀莊王於八〇九年遇刺後，此後的王位便是頻繁以政變推翻的形式交替政權。

九世紀末的新羅由於中央政局混亂，再加上天災頻傳，導致飢貧的農民在各地爆發起義。新羅國內的盜賊轉變成沿海肆虐的海盜，在日本也留下各種劫掠紀錄。這段期間第五十一代真聖女王登基，也是繼善德、真德女王後的第三位女王，卻因國內叛亂頻傳而主動禪位。然而即便如此，各地動盪仍不見改善，各地豪族紛紛拉攏地方勢力，更自稱將軍或自立為城主。

後三國時代勢力圖

後三國時代到來

新羅的地方動亂，造就國內群雄割據的狀態。其中勢力最龐大的豪強就屬甄萱、梁吉，以及梁吉的部下弓裔。

甄萱原本是農民，後來以軍人的身分嶄露頭角。他於八九二年舉兵攻占武珍州，統治周邊勢力。九〇〇年自稱後百濟王，以完山州為首都，宣布從新羅中獨立。

曾為有力軍閥的梁吉，在部下弓裔的輔佐下壯大聲勢。後來兩人卻開始爭權奪利，最後梁吉慘遭弓裔扳倒。九〇一年，弓裔便建立了「後高句麗」。

相傳弓裔其實是擁有金氏的新羅王族，但是身為庶子使其只能住在寺院。隨著四處動亂之際離開寺院成為盜賊，並為梁吉效力。創建「後高句麗」的弓裔於九〇四年將國號改為「摩震」，把首都從松嶽（現在的北朝鮮開城市）遷至鐵圓（現在的江原道鐵原郡）。九一一年將國號改為「泰封」。

甄萱的後百濟、弓裔的後高句麗與不斷衰退的新羅並立時代，稱為「後三國時代」。這段期間約四十年左右，三國在朝鮮半島的勢力分布與高句麗、百濟與新羅曾經統治的疆域幾乎重疊。

王建帶來再統一

後三國時代中最龐大的勢力，是後高句麗（摩震

當時的日本

日本自630年第一次派出遣唐使後就一直持續至這個時代，但是唐朝在八世紀中期因為內亂等導致國力衰退，所以派遣的頻率也大減。894年在菅原道真的建議下，朝廷內開始討論是否繼續派出遣唐使，最後決定終止。後來唐朝也於907年滅亡。

／泰封）。弓裔登基後自稱是彌勒菩薩的化身，動輒拷問或處死臣民。就連勸諫這種行為的妻子也慘遭處死，所以徹底失去了民心。

乘著動盪局勢崛起的新興勢力，是憑藉貿易累積財富的松嶽望族子弟王建。王建很早就追隨弓裔，以水軍將軍的身分為後高句麗的建國帶來貢獻。建國後受封為松嶽城主，以鐵圓太守的身分防衛首都，深受弓裔信賴。可是雙方關係卻隨著弓裔暴虐無道而疏遠，王建受到弓裔猜忌，重臣們也對形象公正的王建寄予厚望。

九一八年，王建與重臣們發動政變並放逐弓裔，建立了國家「高麗」。據說弓裔在逃亡途中遭殺害。

成為高麗第一代君主的王建，將自己的根據地「松嶽」設為首都，重新命名為「開京」。並透過聯姻與各地豪族強化關係，因此共有二十九位妻子。王建撤除重視血統的舊式官位制度，構築了按照勢力範圍與功績賞賜官位的新統治體制。

外交層面則向中國的北方王朝後梁派遣使者，此外也獲後唐冊封為高麗國王（詳情參照96頁「高麗建國」一段）。此外也與新羅建立良好關係，共同對抗後百濟。

這時的新羅從第五十三代的神德王開始，已經由朴氏一族傳承王位。九二七年，新羅第五十五代景哀王舉辦宴會時，首都遭後百濟軍襲擊，最終自盡。攻占新羅首都的後百濟——甄萱推擁金氏登基，而這就是新羅最後的君主——第五十六代的敬順王。

高麗與後百濟的對立益發劇烈，彼此勢力相互拉鋸，直到九三五年後百濟發生王位繼承紛爭。敬順王看透局勢後，將領土讓給高麗，隔年百濟的新王終於確立人選，甄萱慘遭長子甄神劍放逐。王建接納了曾為仇敵的甄萱，同年也出手征討甄神劍，後百濟終於宣告滅亡。甄萱在見證後百濟滅亡的不久也旋即病逝。

就這樣，在新羅末期呈現分裂狀態的朝鮮半島，在王建手中再度統一。

耐人尋味的朝鮮半島偉人❸

活躍於東亞地區的海上霸者

張保皋

（？～841）

日本佛教母山延曆寺存有紀念石碑

張保皋在統一新羅時代，既是商人也是軍人。他原名弓福，曾經在唐朝從軍，回歸新羅後追隨第四十二代興德王，在討伐海盜中立下功績。後來透過橫跨唐朝、新羅與日本的海上貿易累積龐大的財富，並投注豐沛的資金與海軍武力，協助神武王登基。

然而，張保皋傲人的功績卻招致重臣嫉妒，眾人誣陷他有謀反的嫌疑，結果王聽信讒言，派出刺客暗殺致死。

近年來，張保皋以海外貿易與海洋霸權先驅者的名聲，重新引起世人的注意與讚賞，韓國海軍更以張保皋之名為潛水艦命名，以期繼承其威名。

不僅韓國國內，張保皋的大名在當時同樣傳到了日本。由於他負責護送從唐朝歸國的僧侶圓仁回日本，當圓仁日後就任為第三代天台座主後，便在延曆寺基地內豎立「青海鎮大使張保皋碑」，以表感念之情。

chapter 4

高麗的興亡

現代英文國名的語源

高麗這個國號源自於高句麗。高句麗從五世紀左右開始，也會自稱高麗。由此可知王建將自己建立的新王朝視為高句麗，以及後高句麗的後繼者。順道一提，高句麗最初是由貊族這個部族建立的國家，日本用「狛」代替「貊」，由於「狛」讀作「KOMA」，因此即使寫作「高麗」也會讀作「KOMA」，在日本兩者都指高句麗，而韓國的英文名稱「Korea」也源自於高麗一詞。

王建將自己的出身地「開京」設為首都，並將曾為高句麗首都的平壤稱為「西京」後重新開發，並鼓勵人民移居該處。九二六年，渤海在契丹族侵略下滅亡後，許多難民進入了高麗。渤海與高句麗根源相同，堪稱兄弟國。因此王建不僅接納渤海百姓，還包括了亡命的渤海王族，並賜予相同姓氏給予厚待。

王建也給予新羅王族同樣的優渥待遇。最後一位新羅君主——敬順王向高麗投降時，王建迎娶敬順王之妹為妃，並將自身長女許配給敬順王。這可以說是宣示高麗

高麗歷代君主

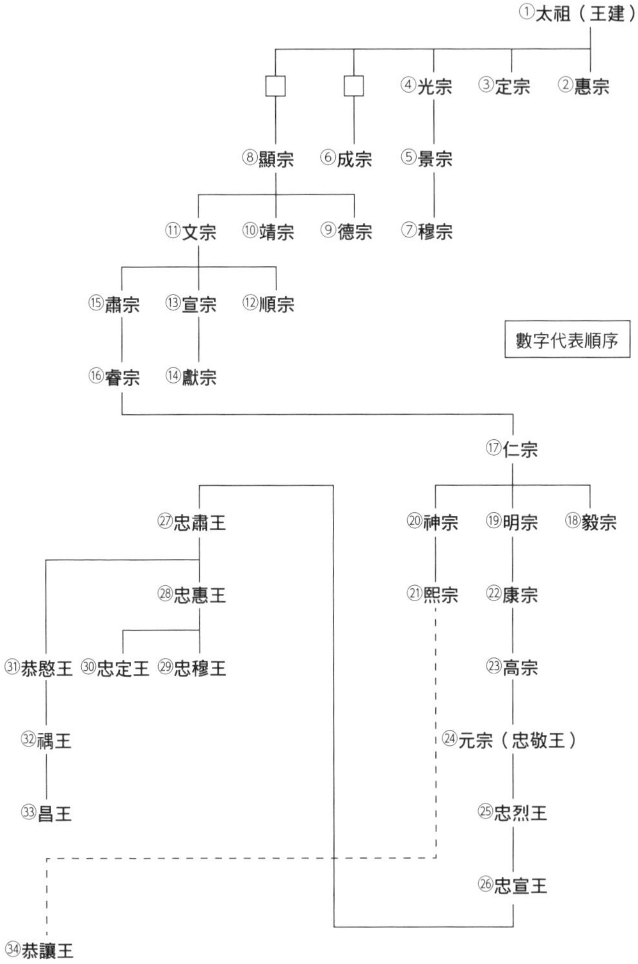
①太祖（王建）
④光宗
③定宗
②惠宗
⑧顯宗
⑥成宗
⑤景宗
⑪文宗
⑩靖宗
⑨德宗
⑦穆宗
⑮肅宗
⑬宣宗
⑫順宗
數字代表順序
⑯睿宗
⑭獻宗
⑰仁宗
㉗忠肅王
⑳神宗
⑲明宗
⑱毅宗
㉘忠惠王
㉑熙宗
㉒康宗
㉛恭愍王
㉚忠定王
㉙忠穆王
㉓高宗
㉜禑王
㉔元宗（忠敬王）
㉝昌王
㉕忠烈王
㉖忠宣王
㉞恭讓王

為新羅正統繼承國的策略聯姻。此外王建將新羅舊都以「食邑」（領地）的形式賜給敬順王，任命其為治理該地的地方官。

太祖遺留的統治方針

整合朝鮮半島的王建，於九四三年以六十七歲之齡駕崩。王建在逝世前一個月制定《訓要十條》，命令子孫代代傳承。內容如下：

①建國是受到佛的庇護，所以國家必須確實保護、管理寺院。
②寺院創建時應遵守風水，不得隨意建設。
③王位應由長男繼承，長男不適任時再由臣子另外推舉其他王子。
④不要盲目追隨中國的風俗習慣。契丹為禽獸之國，不得遵循其制度。
⑤西京（平壤）是地脈根本，王每年必須在此度過一百日以上。
⑥應舉辦佛教祭典——燃燈會，以及祭祀山河之神的八關會。

⑦聽從諫言、遠離讒言，藉由信賞必罰贏得百姓信賴。
⑧舊百濟領（眾說紛紜）地脈惡劣，不應延攬該地人才。
⑨為臣子與軍人增減俸祿應謹慎。應減輕農民負擔，盡力實現富國民安。
⑩治國者平日應研讀經書與史書並引以為戒。

值得留意的是有好幾條遺訓都提到佛教。後世的高麗王遵循教誨，嚴謹地守護著佛教。但是遵循風水思想重視平壤的土地，並依此創建寺院等的做法並不僅限於佛教。風水是古代中國就有的思想，會按照地面上的氣流（地脈）判斷吉凶。這樣的思想在東亞一帶廣泛流傳，會活用在決定首都地區等的時候。日本的平安京在建立時，同樣確認過風水。

第十條要求子孫經常閱讀儒學經典與史書。儒學源自於古代中國，是由孔子開創的思想。同樣在東亞相當普及，中國歷代王朝都將其視為統治規範。

儘管如此，第四條仍要求子孫在尊敬中國之餘不要盲從，同時也提到契丹是野蠻國度，不可以仿效其制度。第八條的部分普遍認為是專指住在後百濟領土（舊百濟疆域）的人們。從風水的角度來看，百濟的地脈是逆反的，所以住在這裡的人也特別容易叛變，因此禁止子孫延攬這裡的人才。但是實際上後來仍有許多來自後百濟的人當官。

白熱化的繼承人之爭

王建駕崩後由長男繼位，是為惠宗。然而不過兩年惠宗便病逝，接位的三男定宗也在登基後四年病逝。但是從惠宗到定宗之間的王位繼承，並非單以「君主病逝」這個理由能夠說明。王建在世時為整合國內，透過聯姻拉攏有力豪族，結果與多達二十九名的嬪妃產下子嗣，光是獲得正式承認的就有二十五名兒子、九名女兒。此外，一旦族中女性雀屏中選成為嬪妃，氏族地位不僅提升為貴族，也會企圖以外戚（君主的母親或妻族族人）的身分干涉權力，使得王族間的權力鬥爭白熱化。事實上，就在惠宗即位後，掌握朝中實權的人正是嬪妃之父——王規。

惠宗逝世後，人們懷疑王規暗殺了惠宗，結果王規一族於九四五年遭處死刑。鎮壓王規之亂並登基的定宗，同樣被成為後盾的大臣把持住，並在九四九年逝世。

在王權牢牢掌握在權臣手中的局勢下，唯有王建的四男光宗試圖解決困境。光宗於九五五年為確保國家土地徵稅，實施全國性的農地測量。

隔年又公布了奴婢按檢法。全面檢視為主人提供勞役或物資生產的奴婢，發現有人是因不當手段而淪落為奴時就予以解放。新羅末期以來的豪族與繼承這些勢力的重臣們，都擁有遼闊的私有地與大量奴婢。光宗著眼於他們的經濟基礎，藉此打擊他們的勢力。

高麗建國前不久，中國大陸的政局也幾經動盪。隨著唐朝滅亡，中國進入五代十國時代，此後直到宋朝（北宋）再次統一以前，這七十年間華北五個王朝相繼興衰（五代），華中、華南地區（包含部分華北）則有多個小國勢力割據（十國）。

自從王建建國後初次派遣使者出使後梁，其後高麗便一直與五代政權相往來，自後唐以降持續接受中國天子的冊封。第四代高麗王光宗也不例外，他不僅在國內以皇帝自居，也同時向中國朝貢。可是就朝貢制度來看，高麗為中國的藩屬國，即使基於統治目的，在國中自稱為皇帝也依然會被視為是僭越的行徑。不過，光宗並沒有因此撤換皇帝稱號，他意圖趁著中國王朝政權影響力低落的時機，強化王在國內的權柄。

引進科舉與兩班

光宗的制度改革當中，最值得留意的就是「科舉」制度的引進。科舉，是透過考試選拔優秀人才成為官員的制度，起始於中國的隋朝，後來中國歷朝也都繼承這個制度。光宗重用從中國歸化高麗的雙冀，並且採納他的建議，在九五八年於高麗國內首度實施科舉。

高麗時代的科舉，可分成製述科（詩賦等各種文章的寫作能力）、明經科（四書五經等儒學經典的知識）與雜科（實用的算術、醫學與天文地理等知識和技能）。其中又以製述科與明經科為重，更是考核菁英官員的重點科目。除此之外，雖然性質與科舉的科目略有差異，但是為了提升佛教的權威，在這個時代也設有專為僧侶所舉辦的僧科。

光宗引進科舉的一大目的，是透過挖掘新人才以牽制已經成為貴族的豪族勢力。儘管「廣納優秀人才」這個場面話，使光宗也同意庶民參加科舉考試，但是參加考試者必須擁有能夠專心讀書的學習環境與經濟能力，因此參加者幾乎都是本身就是官員或地方鄉吏等的子弟。

此時期還特別為高官子弟另外打開一扇不必參加科舉就能夠入朝為官的大門，那就是蔭敘。官位從最高階的一品至最低階的九品，其間可概分成九個等級。符合蔭敘資格的都是五品以上的高官。每逢國家喜慶等大事時，就會從這些官員子弟中選拔一人，無須通過科舉即可成為官員。此外，也針對五品以上的高官，提供特殊待遇「功蔭田柴」，也就是土地的收租權。從蔭敘制度與功蔭田柴也可以看出，當時的高官仍有相當強烈的貴族性質。

這裡再稍微介紹一下高麗的官僚制度吧。高麗將文武官稱為「兩班」。兩班的「班」是順序與列的意思。君主在王宮正殿接見官員時會面向南邊，這時文官會排在東側、武官會排在西側，雙方都會從官位最高者開始列隊。因此文官稱為文班或東班，武官稱為武班或西班，兩者共稱兩班。

然而，僅有文官可主掌國政大事。武官官階最高只有三品，普遍認為比文官官階要來得低，優秀人才通過科舉後也是擔任文官。在高麗時代的科舉，並沒有專門為武官設計選拔體制。

兩班等握有國家權力者，於王建在位時的九四〇年開始可以獲得土地。到了光宗的繼任者——景宗時代，這種土地供給制度更發展成名為「田柴科」的完善制度。會按照官位與職務內容，給予特定面積的耕作地（田）與燃料獲取地（柴）。田柴科後來又經過多次修正，並於一〇七六年完成最成熟的版本。儘管田柴科聽起來與功蔭田柴相似，但是兩者卻是完全不同的制度。

光宗所建立並臻至完善的官僚體制，還包括制定官員統一穿著的官服，以及引進中國官位文散階（不理事的酬庸官職；散階是指官員品級），同時也沿用建國後就創建的官位制度。順道一提，要到後來的成宗時代才將中央的文武官位併入文散階，舊有官位僅限異族出身者、地方豪族等不屬於中央官員的官職。這樣的作法同時也在中央官員與地方官員之間劃下了明確的地位差異。

光宗的改革引發貴族這些既得利益者的強烈反彈，對此他採取了強硬的回應——肅清。後世認為光宗是強化王權、鞏固高麗基礎的著名君主。另一方面，由於光宗在位晚年執行更嚴格的肅清，連肅清對象的親族、無辜人士等都慘遭行刑，因此同時也是飽受批評的暴君。

確立中央與地方制度

光宗逝世後，繼位的景宗不太熱衷政務，但是膝下長子年紀尚幼，所以乾脆指名堂弟繼承王位。繼任的堂弟——成宗在前太子成年後歸還王位，新王即為穆宗。可是即便穆宗即位親政，國家實權依然握在景宗的正妻，同時也是穆宗生母的獻哀王后（千秋太后）手中。大臣康兆率軍進京發動政變，軟禁獻哀王后、廢黜穆宗，穆宗最後更慘遭殺害。

隨後顯宗即位。顯宗是王建之孫，但是生父因犯罪遭流放，所以被成宗養大。由於穆宗膝下沒有男孩，所以顯宗被立為太子，成為獻哀王后的眼中釘。經過一番波折才登上王位的顯宗，其後代子孫也成為後來高麗王位的正統。

高麗的統治制度從成宗開始整頓，直到第十一代的文宗才臻於完善。首先中央統治機構參考了唐宋制度，分成決定政策的中書門下（省）、傳達王命與主掌軍機的樞密院、統領整個行政的尚書省，並在尚書省底下設置六部——吏部、戶部、禮

高麗的行政劃分

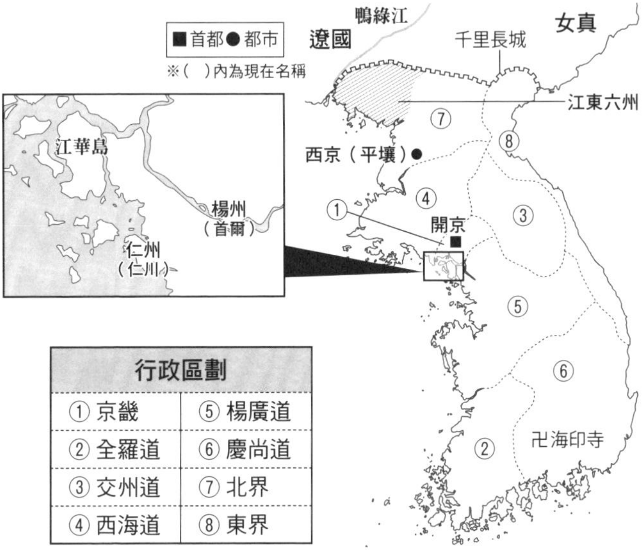

行政區劃	
① 京畿	⑤ 楊廣道
② 全羅道	⑥ 慶尚道
③ 交州道	⑦ 北界
④ 西海道	⑧ 東界

部、兵部、刑部與工部。此外中書門下省與樞密院的高官開會的機構——都兵馬使（後來的都評議使司），會負責審議國政上的重要案件。

軍事方面，鎮守王宮的二軍為親衛隊，負責防衛王都的六衛稱為中央軍。二軍六衛各有八名上將軍與大將軍，將軍們所在的重房是軍事最高機關，所有軍事決策都必須經過將軍們的協議。

地方的行政劃分在十一世紀

時幾乎底定。將首都－開京的周邊地區設為直屬中央的「京畿」，其他地區（廣域）則設置道與界。「道」的數量依時期變動，最後終於固定為西海道、交州道、楊廣道、慶尚道與全羅道這「五道」。另一方面，「界」則是設在北方邊境，是以軍事為優先的特殊行政區劃，北部的鴨綠江左岸一帶稱為北界，東部沿海地區一帶稱為東界，兩地合稱「兩界」。

「道」的首長是按察使，「界」為兵馬使。道之下又設州、府、牧、郡、縣，界之下則設州與鎮，而這些行政區劃總稱為「邑」。中央派遣地方官到邑赴任的稱為「主邑」，沒有派遣地方官的則稱為「屬邑」，其中又以屬邑占大多數。此外，邑的各種行政工作，則由當地望族出身的鄉吏（邑吏）負責。

北方異族侵略

高麗的主要外交對象是中國王朝、北方契丹，以及曾受渤海羈縻統治的黑水靺鞨後代——女真，還有日本。日本在高麗建國後就立即派來使者，但是因為不認同朝貢以外的外交關係，因此拒絕與高麗建交。儘管高麗此後都沒有與日本建立正式邦交，但是民間仍有著頻繁的貿易往來。

高麗最重視的就是對中外交。高麗採取一貫的親中政策，並加入了九六〇年統一中國大陸、終結五代十國時代的宋朝冊封體制。高麗在宋朝的庇護下擴大交易，益發繁榮。

但是高麗與宋朝關係愈好，與契丹之間的關係就愈差，九九三年時還遭到遼國侵略。遼，是契丹消滅渤海之後，從九四七年起使用的國號。

如王建的《訓要十條》所述，高麗將契丹視為文化水準低落的蠻族。但是開戰後高麗卻陷入苦戰，與遼國展開停戰談判時更被要求割讓北方的舊高句麗領土，幸好在高麗方巧妙的談判下避開了這樣的結果。按照常理，高麗應該要向宗主國宋朝求助並征討遼國，但是宋朝軍事實力低於遼國，一直以來都藉由贈與財物維持和平，所以沒有餘力幫助高麗。而高麗與遼國的停戰條件中，也包括必須與宋朝斷交。

一〇一〇年，高麗再次遭到遼國攻打。由於當時高麗王遭臣下殺害，因此遼國這次高舉著「征討不義」的大旗。遼國大軍壓境卻束手無策的顯宗只好投降，割讓了相當於鴨綠江下游左岸地區的江東六州，並答應對遼國的朝貢。但是後來顯宗卻稱病不願前往遼國，同時也未交出江東六州。

高麗與遼國後來依舊不時爆發小規模衝突，迫使高麗再度往宋朝靠攏，於是一〇一八年遼國再度展開第三次的侵略。不過，這次卻是高麗大獲全勝。儘管遼國大敗，事後仍試圖入侵高麗。高麗利用戰勝帶來有利局面的時機，於一〇二〇年宣示臣服於遼國，並取得遼國的冊封，名正言順地獲得江東六州的統治權。

當時的日本

高麗與遼國征戰不休的1019年，正值日本的平安時代中期。這年海盜團襲擊壹岐、對馬與九州北部，日本加以抵禦並成功擊退海盜。這個海盜團名叫刀伊，據信是黑水靺鞨的女真族組成，而這起事件又稱為「刀伊入寇」。

後來高麗修復被遼國摧毀的開京後，為了防範遼國與女真的侵略，從一〇三三年開始在北方修築防禦牆（千里長城）。長城的規模相當龐大，從鴨綠江下游綿延至東海岸的定州，橫跨了整個朝鮮半島。

門閥掌權

十一世紀的高麗奠定了完整統治體制並迎來全盛時期，而透過科舉取得官職的兩班當中，也出現逐漸培養出強烈貴族氛圍，並以門閥官僚形式逐漸壯大者。門閥，意指由血緣連結而成的世家。這個時期的高麗出現透過與王室結成層層姻親關係，全族開始享受特權並手掌大權的家族。

這裡就稍微介紹一下朝鮮半島的「姓」與「本貫」。對於住在朝鮮半島的人們來說，「姓」具有標示父系血脈的功能。但是他們的「姓」數量遠比日本還要少，根據一九三〇年的調查僅約兩百五十個，即使是現代的韓國也不過兩百八十多個而已。其中光是金、李與朴這三姓就占了人口的四〇%。

因此即使同樣姓金，祖先也可能分屬不同的系統，並非相同的根源。這時最重要的就是「本貫」，本貫是從父系血緣中追溯出的一族始祖根據地或一族的發源地。本貫與姓都相同（同本同姓）的人們，就是父系方面有血緣關係的氏族。所以都會用本貫＋姓的形式稱呼氏族，例如「金海金氏」、「延安李氏」。

高麗之後的朝鮮王朝時代，更是禁止同本同姓男女的婚姻，無論親戚關係多麼遙遠都不行。現代韓國的民法也曾禁止同本同姓婚姻，一直到一九九七年才由憲法法庭作出違憲的判決，並且在二〇〇五年修正法條。儘管如此，姓與本貫至今仍是韓國家族制度的根基。

而從十一世紀的高麗就不斷茁壯的代表性門閥官僚，則有以慶源（現在的仁川市）為本貫的李氏一族，也就是慶源李氏。慶源李氏的李子淵於一〇二四年科舉高中並獲得官職，後來就順利地出人頭地，在文宗身邊擔任門下侍中，相當於宰相一職。李子淵的三名女兒都嫁給文宗，其中長女所生的三名王子後來分別成為順宗、宣宗與肅宗。孫女則分別嫁給順宗與宣宗，曾孫也就是宣宗之子後來成為憲宗。李子淵的孫子——李資謙也將女兒嫁給肅宗之子——睿宗，另外兩位女兒則嫁給睿宗之子仁宗。

慶源李氏一族就這樣與王室之間締結複雜的婚姻關係，一直到仁宗這一代約八十年間，都以外戚之姿掌握權勢並獨占政府要職。

兩大嚴重內亂爆發

十二世紀時，原本受到遼國支配的女真族壯大，開闢了新王朝並定國號為金。金國於一一二一年滅掉遼國，一一二七年滅掉宋朝。這段期間的高麗在臣服遼國的同時，也維持著與宋朝的貿易往來，隨著遼國與宋朝的滅亡，不得不對金國朝貢。後來宋朝（南宋）於中國南部復國，金國為了準備與宋朝的戰事，再加上與高麗很早就確立君臣關係，因此並未侵略高麗。

然而這個時期的高麗內部卻發生了嚴重的內亂。內亂源自於李子淵之孫——李資謙的專橫。李資謙將女兒嫁給第十六代的睿宗，並將其他女兒嫁給睿宗之子仁宗，以外戚的身分權勢滔天。對此感到不滿的仁宗企圖扳倒李資謙，沒想到計畫敗露，因此李資謙便命令女兒暗殺仁宗，然而女兒卻向丈夫仁宗坦白導致暗殺失敗。

一一二六年，李資謙軟禁了仁宗，但卻與同夥的拓俊京之間產生嫌隙，使拓俊京決定倒戈並為仁宗抓住了李資謙。李資謙遭流放後在流放處逝世，為慶源李氏的專橫畫下句點。

李資謙之亂造成王宮燒毀且開京荒廢。這時西京出身的僧侶——妙清向仁宗毛遂自薦，依據風水思想，強烈建議將首都從運氣衰敗的開京遷至氣勢正盛的西京。「將首都遷至曾為高句麗首都的西京」這個計畫，從定宗的時代開始就三不五時提及，但是全都遭到否決。

朝廷內的重臣分成相信妙清之言的西京派，以及反對遷都的開京派。而開京派的核心人物就是慶州金氏的金富軾。

在兩派的你來我往之間，仁宗決定喊停遷都計畫。結果西京派中的其中一個派系，於一一三五年在西京宣布獨立，發動叛亂的他們主張應按照風水思想經營國家並討伐金氏。認同的勢力出現，也導致叛亂的規模擴大。金富軾率領討伐叛軍的正規軍出陣後的隔年，就攻下了西京。這個名為妙清之亂的叛變長達一年，使高麗的國政更加混亂。

高麗時代的文化

鎮壓妙清之亂的金富軾於一一四二年辭官，在仁宗敕令下開始編撰史書。後來於一一四五年完成的即為《三國史記》。據信這之前的高麗應該也有編撰過史書，但是並無留存到現代。《三國史記》記述了三國時代至新羅統一之間的過程，是朝鮮半島最古老的史書。後來金富軾還編撰了《仁宗實錄》等史籍。

高麗時代致力於振興儒學的人當中，最具代表性的是崔沖。崔沖開設了私塾九齋學堂，培育出了許多人才。

歷任高麗王都保護佛教並建立許多寺院，在高麗建國初期最流行的佛教宗派為禪宗。此外十一世紀在宋朝學習天台宗的義天，是朝鮮天台宗的鼻祖，十三世紀的知訥則開創了曹溪宗。

這段期間的高麗也不斷收集佛教經典。如前所述，十世紀末至十一世紀初期的高麗受到契丹侵略，在如此嚴峻的情勢中，仍按照從宋朝取得的《大藏經》著手刻製雕版《大藏經》。《大藏經》網羅佛教三大聖典——三藏（經藏、律藏、論藏），可以說是漢譯佛經大全。雕版製作歷時六十年以上，最後於一〇八七年左右完成（初雕大藏經版）。這份雕版《大藏經》現在僅存有一部分，並分別由日本與韓國收藏。

雕版《大藏經》於十三世紀初期蒙古侵略高麗時，在戰火中慘遭燒毀。這次高麗在與蒙古作戰的同時，再度著手雕版，最後於十幾年後的一二五一年總算復原（再雕大藏經版）。這個版本的雕版《大藏經》總共超過八萬片，目前保存在海印寺（慶尚南道陜川郡），已登錄為聯合國教育、科學及文化組織的世界文化遺產。

高麗末期至朝鮮時代前半這段期間，日本將軍與各地大名、領主等都派遣使者前往朝鮮，請求這份重新雕在木板上的雕版《大藏經》。結果有超過四十部高麗版《大藏經》被帶至日本。而東京都港區的增上寺與京都市的大谷大學，則分別收藏了將近整套的雕版《大藏經》。

這份《大藏經》是在木板雕刻文字後，塗上墨水印刷所製，稱為雕版印刷。順道一提，全球最古老的雕版印刷品是在新羅佛國寺發現的《無垢淨光大陀羅尼經》。

根據史料的紀錄可以得知，高麗除了使用木板的雕版印刷外，十三世紀也使用了金屬製的活字印刷。儘管沒有留存至現代，但是巴黎的法國國家圖書館收藏的《直指心體要節》出版於一三七七年的高麗，是當今世界上最古老的金屬活字書籍。

與佛教經典同樣備受日本重視的還有高麗青瓷。已知

青瓷製法是從中國傳入，但是高麗對土料、釉藥與燒製方法加以改良，打造出了名為「翡色」的獨特色澤。翡色的登場大受好評，精緻潔淨的高麗青瓷甚至還輸出至宋朝。十一世紀朝鮮半島的瓷窯都集中在南部的康津（現在的全羅南道康津郡），以國家主要產業的地位推動量產。高麗青瓷在十二世紀迎來巔峰，從日常用品到高級品等都是各式各樣的青瓷品。其中一部分傳到了日本，在掌權者之間很受歡迎。

武臣政權誕生

十二世紀後半登上王位的毅宗，身邊都是諂媚的宦官與兩班，日日沉溺於酒宴。說是兩班，其實能夠出人頭地的也只有文官，武官在酒宴中都負責護衛，有時還會受到文官侮辱。後來毅宗為了建造離宮等大興土木，過程中所需要的勞動工作也都推給武官。

受不了這種待遇的武官，終於在一一七〇年爆發大規模的叛變。上將軍鄭仲夫、李義方與李高等人率兵襲擊酒宴中的毅宗，甚至因為積怨過深，許多在場的文官也連同遭到殺戮。這場政變稱為庚寅之亂，苦於暴政的百姓也相當支持。此後至十三世紀這大約一百年之間，政權都掌握在武官的手裡，因此稱為「武臣政權」。

武臣政權的核心是將軍會議機構——重房。但是因為武官缺乏政治經驗，所以初期陷入不斷的主導權爭奪。從中嶄露頭角的崔忠獻於一一九六年掌握實權後，總算迎來穩定期。

崔忠獻起用了順從武臣政權的文官，逐漸恢復朝廷的統治能力。一二〇九年新的政府機構——教定都監成立，崔忠獻成為教定都監的首長——教定別監。崔忠獻將教定都監打造成政治中樞，鞏固了統

當時的日本

平安末期的日本，同樣上演武家勢力崛起。武家中最具代表性的平氏與源氏經過一番鬥爭後，由平氏取得勝利。平氏棟梁平清盛以與宋朝貿易獲得的利潤作為攏絡朝廷的資金，並將女兒嫁給天皇為后，在孫子成為天皇後掌握實權。

治體制。此後教定都監就由崔氏世襲，而這段崔氏政權共維持了六十二年。這段期間就連王的登基，都受到崔氏左右。

蒙古鐵騎席捲而來

武臣政權誕生後不久的一二〇六年，武臣政權誕生後不久的一二〇六年，在蒙古高原北部統一諸多游牧部族，建立蒙古帝國的成吉思汗揮軍南下。

成吉思汗逝世後，三男窩闊台繼承蒙古帝國的王位，並於一二三一年正式侵略高麗。蒙古軍渡過鴨綠江，以驚人的速度攻下開京。崔氏政權帶著當時的君主高宗，逃到與開京隔海相望的江華島（現在的仁川市江華郡）避難，持續展開抗戰。江華島是與本土相隔一段距離的小島，對於不擅長海戰的蒙古軍來說很難攻陷，但是這段期間的蒙古軍仍在朝鮮半島本土繼續進軍。

崔氏與王避難的期間，對抗蒙古軍侵略的是民間義勇軍與叛軍。武臣政權從成立初期開始，各地就發生了許多叛變，而鎮日鬥爭的武臣政權無法順利鎮壓叛軍。結果叛軍反而成為對抗蒙古軍的勢力，當然也有一部分選擇協助蒙古軍。

武臣政權對蒙古的抗戰約持續三十年，這段期間蒙古軍的侵略多達六次。戰爭長期化的結果，導致高麗朝廷出現主戰派與講和派。在如此發展當中的一二五八年，武官金俊殺害了教定別監的崔竩，瓦解了崔氏政權。此後講和派掌握了主導權，由高宗於隔年的一二五九年交出王太子（後來的元宗）作為質子，向蒙古帝國投降。

以質子的身分前往蒙古的王太子，受到隆重的對待。成吉思汗之孫忽必烈在位的一二六〇年，王太子因為高宗駕崩而緊急回國登基成為元宗，此後便採取親蒙古政策。儘管武臣勢力對此反彈，但是元宗在蒙古協助下成功將武臣排除在政權之外。

此後高麗王太子都會住在蒙古境內，以蒙古皇帝護衛的身分追隨皇帝。此外也會迎娶蒙古皇帝的女兒，成為蒙古皇室的姻親。相較於金國與南宋遭蒙古征服後，皇族均被逼得死路一條，高麗可以說是獲得特別待遇。這是對長期抗戰的高麗所施加的懷柔政策，據信也是考量到未來遠征日本的需求，所以採取了寬大的處置。

元宗之子忠烈王迎娶忽必烈之女——忽都魯揭里迷失（莊穆王后）為妻，因此兩人生下的兒子忠宣王身上就繼承蒙古皇室的血脈，使高麗王成為蒙古貴族的一員。原本高麗在君主駕崩後會追尊「太宗」、「光宗」等廟號（太廟奉祀的名號），但是臣服蒙古帝國後，就會像忠烈王與忠宣王一樣，以蒙古皇帝授予的謚號（死後追封的名號）為廟號。而且忠烈王到忠穆王的謚號，都使用了象徵忠誠的「忠」字。忠烈王也貫徹了親蒙古政策，強迫百姓採用胡服辮髮（蒙古服裝與髮型），以維持高麗王室與王朝的安泰。

出兵日本的沉重負擔

一二七一年，忽必烈在統治的領土上，建立了國號為「元」（大元大蒙古國）的國家。忽必烈在身為勢力擴及歐洲的蒙古帝國君主之餘，也是將帝國東方納入版圖的元朝第一代皇帝。在忽必烈於一二三四年消滅金國、一二七九年消滅南宋後，終於將矛頭指向了日本。

靠近日本又臣服元朝的高麗不得不協助元朝。忽必烈於一二六八年從高麗派遣使者前往日本，透過鎌倉幕府收下國書的朝廷並未做出回覆。忽必烈後來又數次派遣使者，但是與日本的交涉卻屢次碰壁。

這時朝鮮半島南部的武臣政權餘黨——三別抄仍持續抵抗元朝。三別抄曾於一二七一年送信至日本，請求日本一起對抗元朝，但是無從得知當時日本採取什麼樣的對策。三別抄於兩年後的一二七三年起義，結果被元朝與高麗聯軍鎮壓。

而忽必烈似乎也等待時機已久，在此時決定遠征日本，並於一二七四年展開第一次軍事侵略。高麗被交付先遣部隊的任務，建造軍船、供應軍隊並補給物資。就這樣蒙古與高麗聯軍在現今福岡市沿海地區登陸，卻受到御家人（譯註：與幕府將軍直接保持主從關係的武士）強烈抵抗，再加上準備不夠充分的關係只能撤退。

後來忽必烈在派遣使者至日本的同時，也繼續籌備二度侵略。一二八〇年在高麗設置軍事機構——征東行省就屬於其中一個環節，並任命高麗王為首長。隔年又派遣前南宋的水軍，大舉進攻日本。但是這次除了受到御家人抵抗，還受傳染病流行與暴風雨所逼，最終依然宣告撤退。

忽必烈在這之後仍計畫侵略日本，並且命令高麗繼續造船並做好補給準備。但是忽必烈於一二九四年逝世，第三度遠征計畫也跟著告吹。

日本將這兩次的元朝侵略稱為元寇（蒙古襲來），且按照各自的年號將第一次侵略稱為文永之役，第二次稱為弘安之役。提供大量人手與軍事物資的高麗，則背負著沉重的負擔。

擺脫蒙古帝國

臣服元朝並迎娶元朝貴族之女的高麗王，以駙馬身分成為元朝的貴族之一。另一方面，元朝也為了管理屬國，在高麗設置監督官廳並派蒙古官員赴任，這些蒙古官員也逐漸成為高麗的貴族。元朝透過聯姻方式，干涉已視為同族的高麗內政，每年也要求龐大的供品。這些負擔使百姓苦不堪言，反元情緒隨之高漲。

十四世紀中期，倭寇與北方異族入侵高麗，四處橫行。這段期間的倭寇，是日本九州西北沿海地區與島嶼居民、濟州島與朝鮮半島南部人所組成的海盜。目前可以確認高麗自十四世紀中期就有許多倭寇出現，甚至有倭寇深入內陸掠奪的案例發生。同時期的中國大陸也因為元朝的暴政，起義行動遍地開花。一三五一年紅巾之亂中的部分反抗勢力也進入了高麗。

動亂削弱元朝的國力，降低了對高麗的影響力。因此恭愍王趁機計畫從元朝中獨立。他於一三五二年廢除胡服辮髮令，一三五六年奪回遭元朝納入版圖的東北地區，不再使用元朝的年號與曆制。

在這段期間，高麗獻給元朝的女性被選為元朝皇帝元順帝的皇后（奇皇后）。原先在高麗身分低微的奇皇后，搖身一變成為比臣屬元朝的高麗王還要高的身分。這使得奇皇后一族開始在高麗橫行霸道，最後在深感不滿的重臣與恭愍王聯手之下，遭到流放。

在中國大陸紅巾之亂中嶄露頭角的朱元璋，於一三六八年創立新王朝——明朝，並將元朝勢力趕往北方。終於脫離元朝支配的恭愍王趁機改採親明政策，重用李成桂與崔瑩等武人，開始討伐倭寇與紅巾賊。政治方面則提拔曾為僧侶的辛旽，展開政治改革。然而卻在一三七四年，恭愍王遭親元派宦官暗殺。

親元而導致滅亡

繼承恭愍王之位的禑王是恭愍王的兒子，在親元派的崔瑩輔佐下執政。李成桂等人則主張臣服漢人建立的明朝，因此兩方人馬互相對立。這段期間明朝要求高麗割讓領土，但是禑王下定決心對抗明朝，便命李成桂出兵遼東地區。儘管李成桂強烈反對，禑王卻不肯接納。

一三八八年五月，李成桂率領的遠征軍來到鴨綠江下游的中州——威化島，雨勢造成河水暴漲，使高麗軍無法渡河進入遼東也得不到補給，導致士兵陸續脫逃。李成桂向王都派遣使者請求撤退，卻未獲同意。最後李成桂與另一名指揮官曹敏修協商後決定撤兵，史稱威化島回軍。未經許可就撤軍的李成桂軍隊被視為叛軍，但是其軍力遠高於開京的守備隊，自願協助李成桂的士兵也不斷集結。

五月二十二日開始撤退的李成桂軍隊，於六月一日包圍開京。兩天後就攻陷王宮，虜獲禑王與崔瑩後流放，改立禑王之子為王（昌王）。後來與曹敏修經過一段時間的鬥爭後，終於取得主導權的李成桂，於一三八九年罷黜昌王，另立恭讓王。一三九二年在群臣擁戴下，恭讓王禪讓王位給李成桂。歷經三十四代四百七十四年的高麗，在李成桂的登基下宣告滅亡。禑王、昌王與恭讓王後來都被李成桂殺害。

李成桂出身全州李氏，本貫為朝鮮半島西南的全州（現在的全羅北道全州市）。在高祖父（四代前的祖先）一代離開全州移居東北，在該地茁壯為望族。後來李成桂父親協助恭愍王的反元運動，成功在高麗朝中占有一席之地，為李成桂帶來出人頭地的機會。他以武將之姿立下功績，最終甚至消滅高麗，創建新的王朝。

以《三國遺事》流傳後世的僧侶

一然

（1206～1289）

未被正史承認的私撰史書

一然是高麗時代後期的僧人。他自幼出家，並在20多歲時考取科舉的禪科，以學業秀異而名聞遐邇。一然在修行的末期行跡遍布各地，輾轉在多間寺院擔任住持，並且在77歲之齡冊封國尊（舉國尊敬的禪師，為國家至高的僧籍）的名號，圓寂後法號為普覺。

一然編撰的史書《三國遺事》，與朝鮮半島現存最早史籍《三國史記》齊名，收錄了朝鮮半島古代的事件。不過，《三國史記》是由國家機構編撰的官方史書（正史），《三國遺事》則是一然編撰的一家之言（野史）。

兩本史書最大的差異，在於《三國遺事》還記載了檀君神話等古朝鮮的事件。儘管學術界尚無法證明檀君是否真有其人，但是編撰當時的高麗仍是元朝的附庸國，在反元情緒高漲之下，檀君神話能夠強化百姓對於民族起源的認知與意志，進而凝聚民心。

chapter 5

朝鮮的繁榮

由明朝選擇的國名

李成桂登基後立刻以權知高麗國事的名義，派遣使者前往明朝，在報告這段期間的來龍去脈之餘，請求明朝第一代皇帝明太祖（朱元璋）承認新國王並維持邦交。權知高麗國事指的是「暫代統治高麗的職位」。

對此明朝要求改定國號。因此李成桂與大臣商討之後，決定提出「和寧」與「朝鮮」這兩個選項給明朝。和寧是李成桂出生地——永興（現在的北朝鮮咸鏡南道金野郡）別稱，朝鮮則源自於古代朝鮮。明朝考量到箕子朝鮮是由漢人箕子所創，因此便從中選擇了朝鮮。這使朝鮮正式成為國號。

有些人會將這個新成立的王朝稱為「李氏朝鮮」或「李朝」，不過這些稱呼其實是二十世紀起在日本興起的別稱，在韓國國內只要提到「朝鮮」，指稱的會是李成桂建立的朝鮮王朝。

儘管已經定下國號，李成桂卻未被冊封為朝鮮國王，仍然是權知高麗國事。儘管如此李成桂仍對明朝百依百順，理應是為了獲得明朝的正式認可，以取得改朝換代的正當性。朝鮮對待明朝的外交態度稱為「事大主義」，意指「侍奉強者」，也就是遵從大國的意思。

李成桂從建國初期就尊崇儒學，在推崇儒學思想之餘也開始排除佛教的影響，史稱「崇儒排佛」。在眾多儒家學說裡格外重視的，是十三世紀在南宋形成體系的朱子學。貫徹君臣有義、長幼有序、男女有別的朱子學，對執政者來說堪稱是恰到好處的統治工具。

朱子學在高麗末期就已經傳進朝鮮半島，當時也有新興的官僚推崇這個學說，期望朝廷仿效並做出改革，可是並未發揮足夠的影響力。因此崇尚朱子學的一派與同屬新興勢力的李成桂結盟，致力於按照朱子學的理念建設國家，進而推翻了高麗並成立朝鮮。

建國初期的朝鮮特別重用朱子學家——鄭道傳。鄭道傳在高麗垮台之前就已經是李成桂的盟友，因此朝鮮成立後就以功臣之姿手握權勢。鄭道傳將新王朝的國家理

朝鮮王朝的身分階級

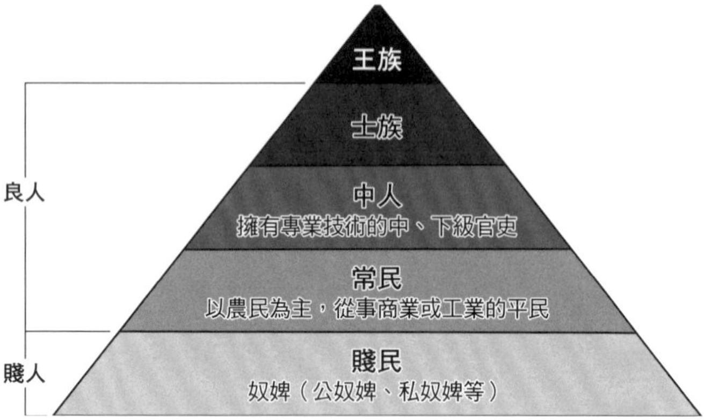

念與統治組織論彙整成《朝鮮經國典》。因此寫下新王朝立國藍圖的人，可以說就是鄭道傳。

李成桂的另一大政策是「農本民生」。他獎勵農業以打造百姓安定生活，而當時的百姓分成「良人」與「賤人」兩種身分（良賤制）。良人包括統治階層的士族、專業技術官員輩出的中人、負責末端行政事務的胥吏與鄉吏，以農民為主的工商業等各業界人士則稱為常民（一般庶民）。

符合賤人這個法定身分的是奴婢。奴婢是屬於私人的資產，會為主人執行各項勞務或從是物資生產等工作。屬於官公廳等公家機關的稱為公奴婢（官奴婢），屬於士族等私人所有的則稱為私奴婢。奴婢對所有人來說是財產，可以贈與、繼承或買賣。但是即使屬於奴婢，不少人平常過著與一般農民無異的生活，無法單純歸類在奴隸中。僧侶、藝能民、屠夫、皮革業從業者等，儘管因為職業的關係遭到鄙夷或歧視，但是在法律上仍屬於良人。

事大主義、崇儒排佛、農本民生這三大方針貫穿了整個朝鮮時代。

依風水建設首都

李成桂決定將首都搬離舊高麗勢力仍根深蒂固的開京。被選中的新首都，是位於開京南部相距六十公里的漢陽（現在的首爾市）。雖然朝鮮政策排斥佛教，但是李成桂本身是虔誠的佛教徒，因此便由曾經師事的僧侶無學王師選擇新首都位置。無學王師從風水的角度確認後，判斷南有漢江流過、北側與東西側都有山脈的漢陽最為適合，便向李成桂推薦該地。李成桂於一三九四年著手新首都建設之餘，也果斷展開遷都，隔年就改名為漢城。

李成桂在漢城建設王宮「景福宮」，王宮東側建築為祭祀歷代王室祖先與君主的宗廟，西側建有奉祀土地與五穀之神的社稷壇。首都周圍建有全長十八公里的城牆，四方設有出入口，分別命名為興仁之門（東大門）、敦義門（西大門）、崇禮門（南大門）、肅靖門。但是肅靖門位在王宮後方，會擾亂風水上很重視的氣流，所以一般禁止通行。這些配置都與首都地點一樣是按照風水思想而定。

後來敦義門在日本侵併韓國時損毀，興仁之門與崇禮門的周邊則發展為繁榮的市場。尤其崇禮門更是韓國第一號國寶，現在也是很受歡迎的觀光景點。雖然二〇〇八年因為縱火事件完全燒毀，後來又於二〇一三年重建。

朝鮮時代為君主推行國家政策的朝廷官僚，同樣是透過科舉制度選拔；不過與高

麗時代不同，在這個時期新設了武科，專門選拔武官（武班）。就這樣，朝鮮時代的科舉變成三科制，分別是選拔文官（文班）的文科（源自於高麗時代的製述科與明經科，分成初級考試的小科與中級考試的大科）、武科，以及用以選拔專業技術官員的雜科。儘管科舉在形式制度上看似對所有良人都敞開大門，然而實際能夠參加並通過考試的就只有統治階層的士族，因此後來「兩班」一詞就逐漸演變為專指士族的尊稱。

手足之爭

李成桂登基前娶了兩位妻子。與第一位妻子之間生了六名兒子，與第二位妻子生了兩名兒子。其中五男李芳遠性格果斷，從建國前就開始輔佐父親的霸業。李成桂要稱王的時候，遭到曾為高麗宰相的儒者——鄭夢周反對，因此李芳遠便暗殺了鄭夢周。

李芳遠與鄭道傳兩人正是協助李成桂建立朝鮮的左右手。雖然兩人剛開始關係友好，但是鄭道傳隨著儒學立國逐漸擴大權力，儒者權力擴張形同削弱君主與王族的權限，讓李芳遠感到威脅。

再加上太祖（李成桂）十分溺愛第二位妻子所生的八男李芳碩，甚至冊封李芳碩為世子，也就是未來可繼承王位的人選，並指定鄭道傳擔任世子的師傅。一三九八年，五男李芳遠藉口鄭道傳等人企圖謀害自己兄弟而舉兵攻打，不僅殺害鄭道傳等李芳碩的親信，同時也趁機殺害異母弟的李芳碩與其兄七男李芳蕃。這起事件史稱第一次王子之亂。

事件過後高官們奏請太祖立李芳遠為世子，但是主角李芳遠卻嚴詞拒絕。因此太祖便立最年長王子——次男李芳果為世子，然而李芳果膝下沒有男孩，所以實權仍握在李芳遠手中。

王子之間的手足相爭令太祖飽受衝擊，再將王位傳給李芳果不久就隱居了。就這樣，李芳果於一三九八年登基，是為定宗。定宗在位初期為了給朝中帶來新氣象，

朝鮮王族的主要地位

	地位名稱	地位說明
男性	上王（太上王）	讓位的前國王
男性	世子	國王的繼承人
男性	大君	正妃之子
男性	君	正妃其他兒子
男性	大院君	王的親生父親（但是未登王位）

	地位名稱	地位說明
女性	大王大妃	前前任國王之妃
女性	王大妃	前任國王之妃
女性	王妃	國王的正妃
女性	嬪	側室中最高位階

※有時會直接稱大王大妃與王大妃為「大妃」。

決定將首都遷回舊都開城。可是隨即在一四〇〇年，開城卻爆發第二次王子之亂。這次的主謀是李成桂的四男李芳幹，他為了對抗掌握實權的李芳遠而發動叛變。李芳遠鎮壓這場叛變後，流放李芳幹。

李芳遠平定叛亂之後，定宗立刻將他立為繼承人，並且在同年禪讓王位。在同一年登基的李芳遠即為太宗。隔年的一四〇一年，獲得明朝第二代皇帝建文帝贈予封號「朝鮮國王」。至此朝鮮王朝總算成為東亞國際局勢當中，受到中國官方認證的存在。另一方面，因為奪嫡之爭而心痛的太祖疏遠了太宗，甚至一度離開首都，直到兩人和解後才回到首都。

王朝基礎的建構

奠定朝鮮王朝統治基礎的正是太宗。首先他將軍力都收攏在君主手中，禁止功臣與王族擁有私兵。接著將高麗末期以來的都評議使司改組成議政府。議政府是由領議政、左議政、右議政這三位宰相領頭的最高機關，底下則有分擔各種行政工作的六曹（吏曹、戶曹、禮曹、兵曹、刑曹、工曹）。但是六曹官員會直接向君主報告政務，而非透過議政府。這麼做有助於抑制議政府的權限，並將君主的意向直接反映在行政上。

中央官廳除了議政府之外，還有功能如同現代的祕書室，專門為君主傳達指令的承政院、專門審判內亂罪等重大罪責的司法機關，以及直屬君主的調查機構義禁府等。另外還設有申聞鼓這項訴訟制度，百姓只要敲擊王宮前的太鼓，就可以直接向君王申冤。

西元一四〇四年，朝鮮王朝的首都從開城遷到漢城。從太祖在位期間開始建設的漢城，終於在太宗的時代宣告完工，從此以後便成為朝鮮王朝的政治文化中心。另一方面，儘管太宗曾經與鄭道傳對立，統治期間卻仍然維持其推行的法令制度、外交方針與身分制度。

朝鮮王朝將各地區的行政劃分設為「道」，除了首都周邊稱為京畿外，其他區域劃分成咸鏡道、平安道、江原道、黃海道、忠清道、慶尚道與全羅道這八道。八道的名稱都是用當地核心都邑之名組成，像全羅道就是全州的「全」與羅州的「羅」組成。道的首長稱為觀察使，由中央派任官員赴任，任期三百六十天。

朝鮮領地與行政劃分

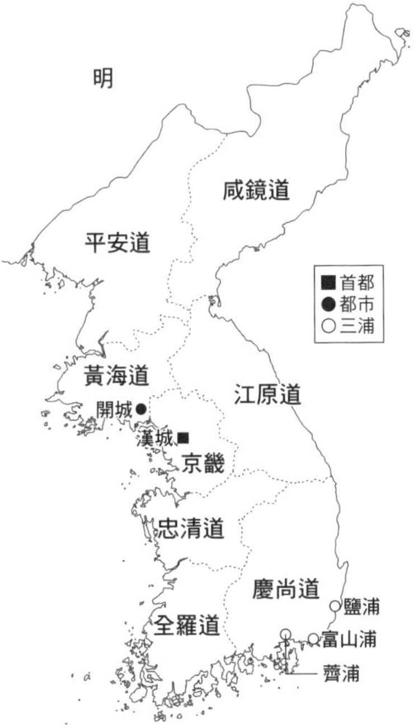

一四〇八年太祖逝世，朝廷史官開始編撰記錄其生前功績的

《太祖實錄》，並於一四一三年完成（一四五一年修訂）。這是仿效中國歷代王朝記錄皇帝功績的行為，此後也開始為每一任君主編撰獨立的實錄。朝鮮時代歷任君主的實錄並稱為《朝鮮王朝實錄》，這份珍貴史料幫助我們認識朝鮮時代。

鞏固王朝制度與王權的太宗，於一四一八年冊封三男忠寧大君為世子後隨即讓位。原本理應由長男擔任世子，但是長男品性惡劣，所以決定換成勤勉且品行端正的忠寧大君，並獲得眾臣支持。

讓位成為上王的太宗仍掌握軍事大權。一四一九年為了報復入侵領土的倭寇，攻打倭寇基地——對馬。這場史稱己亥東征的遠征，就是在太宗指示下進行的。日方則稱這場戰爭為應永外寇。

創造民族固有文字

一四二二年太宗逝世後，忠寧大君，也就是世宗才終於展開親政。以王道統治

（遵循儒學之禮、重視仁義的政治）為目標的世宗，首先設置了集賢殿。這個機構會起用年輕有為的儒學者，由他們研究學問與政治後向國王提出政策的建議。

聚集在集賢殿的徐居正、成三問、申叔舟這些新銳儒學者，有時是國王的諮詢對象、有時會負責教育世子，此外也研究儒學經典、編撰醫書、地理書與史書等。朝鮮王朝於一四〇三年設置了鑄字所，而這些書籍都是用鑄字所的金屬活字印刷技術刊行問世。

外交方面則維持向明朝進貢的事大關係，同時也與日本構築和平的友誼。十五世紀初期還將朝鮮半島南端的富山浦（現在的釜山市）與薺浦（現在的慶尚南道昌原市）訂為日本商船停泊地，一四二六年則增加了鹽浦（現在的蔚山市）。這三港稱為「三浦」，設有日本人居留區，也是日後日朝貿易的窗口。

世宗也對佛教推動統制策，將七大傳統宗派整合成禪宗與教宗（禪宗以外的所有宗派）這兩大宗派，並規定各宗派最多只能設置十八間寺院。這使得曾在高麗時代繁榮的佛教一口氣衰退。

世宗最大的功績，當屬創造了朝鮮民族的文字。當時的書籍與政府公文均使用漢字，用來標示朝鮮語的時候也如同萬葉假名（譯註：向漢字借字以作為日文音標的日本文字）一樣，借用漢字的音、形或義，所以很難正確表示朝鮮語。最重要的是，對一般庶民來說漢字的學習實在太過困難。

為此，世宗於一四四三年命人創造出可標出朝鮮語發音的二十八個文字，並於三年後的一四四六年以「訓民正音」的名稱公布。意思是「教導人民正確的發音」。訓民正音由十七個母音字與十一個子音字組成，能夠將形形色色的發音化為文字，是現代韓國使用的「韓古爾」（在北朝鮮即是「朝鮮字」）的基礎。當時還推出了用訓民正音撰寫的書籍，包括朝鮮王朝建國敘事詩集《龍飛御天歌》，以及整理出朝鮮漢字音的《東國正韻》等。

但是，訓民正音並未在兩班與知識份子之間普及化。大臣們仍主張漢字才是最高級的知識，沒有必要使用漢字以外的文字，甚至輕視訓民正音，認為這是婦道人家才使用的文字。

此外，世宗將出身低微的蔣英實（參照154頁專欄）等人提拔為官，也引來兩班的反彈。這些事件都造成世宗在近代之前的評價不太好，直到近代才重新審視世宗在位期間的功績，讚譽為朝鮮時代的明君，甚至敬稱為「世宗大王」。現代韓國的一萬元鈔票上，還印有世宗大王的肖像。

王族掀起的政變

世宗的晚年體弱多病，由世子以攝政的方式代為處理國家政務。因此輔佐年輕世子的集賢殿出身儒者官僚也就逐漸壯大聲勢。西元一四五〇年，世宗駕崩，由世子繼位，是為文宗。然而，文宗即位不過兩年就旋即病逝，他的兒子僅僅年滿十一歲就登基即位。

集賢殿出身的官員，奉文宗遺詔輔佐年幼的端宗。由這些官員組成的議政府，以政治中樞機構之名不斷擴張權限，令世宗次子——端宗的叔叔首陽大君備感威脅。一四五三年十月，首陽大君指控左議政金宗端企圖謀反後殺害對方，領議政皇甫仁等其他大臣同樣不是被殺就是遭逮捕囚禁。這場政變稱為癸酉靖難，由申叔舟與韓明澮等人協助首陽大君。

事件過後掌握實權的首陽大君成為領議政，同時兼任吏曹與兵曹的首長，一四五五年逼迫端宗讓位後登基，是為世祖。集賢殿出身的成山問與朴彭年不認同世祖的政權合法性，因此於一四五六年策畫政變，欲重新迎回端宗登上王位。沒想到事跡敗露，七十多名相關人士遭處死。

這場叛變的主導人物成三問、朴彭年等人遭判決凌遲處死，而他們所擁戴的端宗則被賜藥，強迫其服毒自盡。當時的人們將成三問等六人稱為「死六臣」，藉此讚頌他們的忠義。

世祖的改革

篡奪王位的世祖為強化自身權利，展開多場制度改革。他保護曾遭打壓的佛教，並廢止了集賢殿以牽制反對改革的官員。此外也大砍議政府的權限，六曹直接由王管理。

此外也重新編制軍隊，中央軍改由五衛組成並強化軍備，地方軍則整頓了全國的陸海軍組織，打造出名為鎮管體制的指揮命令體系。至於土地制度方面，則廢止只要曾經為官，無論是否當職都可擁有土地徵稅權的科田法，僅在職者擁有徵稅權的職田法，且不得世襲，藉此強化對官員的掌控，並降低國家的財政負擔。

當時的日本

癸酉靖難中協助世祖的申叔舟，曾於世宗在位期間的1443年以使者身分造訪日本。當時日本正值室町幕府時代，第七代將軍足利義勝才剛逝世不久。後來以漢文撰寫介紹日本與琉球王國的《海東諸國紀》中也有申叔舟的相關紀載。

輔佐世祖改革的是申叔舟與韓明澮等在癸酉靖難中出力的功臣。他們後來被稱為「勳舊派」，成為備受世祖禮遇的特權階級。

然而另一方面，中央朝廷急遽擴張權力的集權傾向，以及給予親信極大特權等決策，都令世祖招致諸多不滿。一四六七年，世祖再度頒布新令，原本應從各地選任的地方官員職位，改由中央派官赴任，這項新政引發咸鏡道的地方豪族——李施愛的反彈，進而發動叛亂。儘管朝廷在事變三個月後就成功鎮壓李施愛之亂，但是種種後續影響仍造成國政朝局混亂，李施愛被捕後甚至指控韓明澮與申叔舟同樣意圖謀反，導致兩人被暫時關押。

世祖為安定王權，便命人編撰集結、彙整朝鮮建國以來所有王命的基本法典《經國大典》。朝鮮王朝在這之前也數度嘗試編撰法典，並且已經有《經濟六典》、《續六典》等。世宗接續製作其他法典，一四六〇年完成戶籍與經濟相關的戶典、隔年完成刑罰等方面的刑典。可惜世祖在位期間未能完成所有典籍，一直到一四六九年六典才正式完成。

《經國大典》後來經過數次修訂，成為朝鮮王朝的統治規範流傳後世。世祖還編撰了彙整歷代君主功績的《國朝寶鑑》，成為後世國王統治時的參考用書。

母代子職聽政

一四六八年世祖駕崩，次子即位成為睿宗。但是睿宗登基時體弱多病，在位僅一年就於十九歲時逝世。繼位者是世祖長子遺留的十三歲兒子，成宗。

睿宗在位期間，國政由申叔舟與韓明澮等勳舊派把持；睿宗由於體弱，也就由身為王大妃的母親貞熹王后「垂簾聽政」。當國王年幼或是體弱而無法執政的期間，會由其母王大妃或是祖母大王大妃代理國政，但是傳統的儒家觀念認為女性地位低於男性，並不鼓勵女性參與國政，所以會在王座前設置一面簾子，以避免代理女性直接面對眾臣，故稱為垂簾聽政。這是朝鮮王朝第一次實行垂簾聽政，後來延續到成宗這一代，由成為大王大妃的貞熹王后掌握實權。

朝鮮歷代君主①

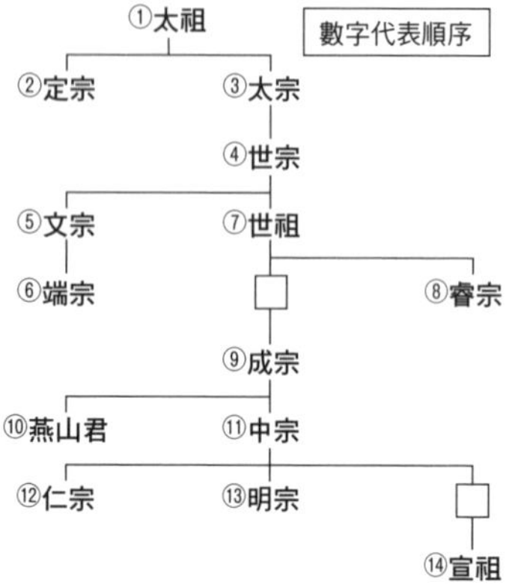

一四七六年，成年後的成宗開始親政。他為了牽制從世祖時代輔佐至今的大臣勢力，開始從各地提拔人才。其中躍升政治核心的正是金宗直的門下弟子。金宗直曾經向高麗德高望重的大臣吉再學習，後來在嶺南（慶尚道）地區研究學問並致力培育人才，也於世祖在位期間考取科舉，擔任要職。後來被稱為「士林派」師從金宗直的儒子們，提倡遵循朱子學治國理論的施政方陣，與勳舊派互相對立。

成宗在維持雙方平衡的情況下執政，並於一四八四年完成從世祖時代開始編撰的《經國大典》。另一方面，尊敬世宗的成宗重視儒學，捨棄世祖保護佛教的政策，再度轉為嚴格的排佛重儒政策。

此外，成宗也修繕了世宗時代建設的離宮壽康宮，改名為「昌慶宮」。昌慶宮旁建設於十五世紀初期的離宮「昌德宮」與原本的正宮「景福宮」都是國王生活的宮殿，昌慶宮則長年由其他王族居住。這兩座王宮內有許多建築物，可惜於十六世紀後半日軍侵略朝鮮半島時燒毀，戰後才又重建，裡面不少建築設施都已經被韓國政府指定為國寶。

王大妃訂立女德教育

親政後的成宗曾短時間穩定了政權，但是勳舊派與士林派的對立卻在檯面下不斷加深。

儘管成宗推動排佛政策，王宮女性們卻虔誠信仰佛教。其中一人即為成宗的親生母親——昭惠王后（仁粹大妃），她曾與勳舊派聯手協助成宗即位，在王朝中擁有強大的影響力。昭惠王后也編纂了記載女性行動規範的《內訓》等，是當時相當有名的才女。《內訓》提到女性必須嚴謹聽從父親、夫婿與兒子，散發出濃烈的儒學男尊女卑色彩。並訂立女性禁止做出的行為，包括外遇、嫉妒等的「七去之惡」。《內訓》以漢字、梵字與韓古爾三種文字記載，在百姓間廣為流傳，是朝鮮時代教育女性的書籍。

女性服裝方面同樣也定下了朝鮮特有的形式。朝鮮半島從新羅時代開始，服裝變化就深受中國與北方騎馬民族的影響，之後才慢慢定下來。就這樣確立的朝鮮半島服裝即稱為韓服（北朝鮮稱為朝鮮服）。女裝中裹住身體的長裙在日文稱為「CHIMA」，上衣稱為「CYOGORI」（赤古里），這樣的服裝在日本又以「CHIMA CYOGORI」這個名稱廣為認知。

西元一四七四年，成宗第一位正妃病故，於是側室尹氏升格為正妃。但是尹氏與仁粹大妃關係不睦，動舊派自然也與其保持距離。在這樣的情況中，某天與成宗發生口角的尹氏抓傷了成宗的臉，於是仁粹大妃與動舊派便強烈要求廢除尹氏的正妃之位。成宗無奈之下只能流放尹氏，沒想到仍止不了批判聲浪，最終只能賜藥讓尹氏自盡。

朝鮮著名暴君

一四九四年成宗駕崩，尹氏之子登基，封號燕山君。燕山君剛即位時也曾施行過獎勵學問、救濟貧民等善政，但是卻慢慢荒廢政務，沉迷女色。看不慣燕山君態度的官員（尤其是士林派）便出言勸諫。一四九八年，燕山君聽到勳舊派官員表示士林派官員在編纂中的《成宗實錄》裡暗地批評世祖篡奪王位，便大量處死相關士林派官員，史稱戊午士禍。士禍，是「士林派受難」的意思。

燕山君對臣子的大規模肅清不僅止於此。一五〇四年，得知生母尹氏遭廢位的來龍去脈後，他再度大量處死逼死尹氏的相關人士，史稱甲子士禍，但是肅清對象擴及勳舊派，就連已經逝世的韓明澮，也被挖墳拖出屍體後遭斬首。此外燕山君還衝到祖母仁粹大妃面前辱罵，這之後沒幾天仁粹大妃便過世了。

徹底掃蕩阻礙勢力後，燕山君廢除了進諫君主的機構司諫院，僅留下順從的宦官與大臣。此外也蒐羅全國美人納為愛妾，並將最高學府成均館與世祖建立的圓覺寺

（現在首爾市內的塔洞公園）改成妓院。

格外獲燕山君寵愛的，是身分屬於奴婢的妓生出身者——張綠水。她為家族謀求官位之餘，也會隨意處死不喜歡的女官等，為燕山君的暴政推波助瀾。

大臣們當然無法容忍燕山君的暴政，因此一直伺機反抗。一五〇六年，大臣們決定在燕山君再度執行大規模肅清（丙寅士禍）時發動叛變。由於追隨燕山君的人不多，因此叛變成功，張綠水遭處死、燕山君遭罷黜後放逐，離開首都兩個月後隨即就病逝。眾臣叛變後擁立燕山君異母弟弟晉城大君（中宗），所以後世稱這次事件為「中宗反正」。

燕山君之所以沒有太祖、世宗這樣的廟號，是因為遭廢位的燕山君並未被視為正式的國王。

畢竟朝鮮國王是源自於李成桂的李氏，每位國王都擁有本名。但是本名又稱為名諱，人們忌諱直呼君主的本名。此外為了避免使用與臣下、百姓相同的漢字，也會刻意選用艱澀的漢字。

此外，國王逝世後會給予評價其功績的諡號，以及使用「宗」與「祖」等字的廟號。廟號有命名規則，創國者、在他國侵略下成功護國者會封「祖」字，其他無鮮明創業的國王（但是品格極高）就贈予「宗」字。但畢竟都是在國王死後贈予，無論立下多麼驚人的事業，像世宗這類在功臣間評價偏低者仍被命為「宗」，藉政變奪權的世祖卻被功臣命為「祖」。後世也有儘管國家受外國統治，但仍為國家保有體面而獲稱「祖」的例子。歷代二十七名朝鮮國王當中，沒有廟號的只有第十代的燕山君與第十五代的光海君（參照162頁「戰爭落幕，黨爭續演」一段）。

頭痛的黨爭與對馬島

中宗即位後大量提拔官員。這不僅是為了牽制在自己登基一事立功的功臣勢力、勳舊派勢力，也是為了重振因為燕山君暴政而混亂的體制，實現遵循朱子學理念的政治，因此中宗格外重用士林派的趙光祖。趙光祖為打造實現儒學理想的政治，引進選拔清廉官員的賢良科。

但是過於急躁且理想主義的改革讓中宗產生疑慮，勳舊派把握雙方之間出現嫌隙的絕佳機會，開始在中宗面前搧風點火，表示趙光祖企圖謀反。一五一九年，中宗命人逮捕趙光祖與士林派，史稱己卯士禍。趙光祖被流放下鄉，後來又在中宗命令下遭處死刑。重掌權勢的勳舊派此後仍持續打壓士林派。

中宗在位期間的一五一〇年發生了三浦倭亂（日本稱三浦之亂）。起因為日朝貿易對朝鮮方來說利益太少、負擔太大而為此設限，進而引發兩國衝突。住在三浦的日本人們（對馬島人）對於朝鮮設下的限制感到不滿，而當時作為日本與朝鮮交流唯一窗口，從中獲取大量利益的對馬宗氏也提供協助，所以這些日本人便趁著朝鮮政府加強取締倭寇時作亂。

後來朝鮮平定動亂並斷絕與對馬國的往來。但是對馬宗氏的存續維繫在與朝鮮貿易之上，朝鮮也仰賴許多來自日本的必需品，因此雙方協調後於一五一二年簽訂《壬申約條》，將薺浦設為唯一的日本船入港地後繼續交易。

同族間的權力爭奪

中宗時代有名為長今的醫女（女性醫師）服侍。雖然當時醫女身分低微，但是《中宗實錄》中記載了大長今之名以及「予證，女醫知之」（想知道寡人身體如何就去問醫女）等字句，可以看出中宗有多麼信賴長今。以長今為主角的歷史劇《大長今》於二〇〇三年播出，在日本也相當轟動。

一五四四年中宗駕崩，其子仁宗繼位。仁宗性格平穩清廉，在中宗病倒後甚至親自為其試毒、陪伴在側，並祈禱父王恢復健康。登基後也為在己卯士禍中遭行刑的趙光祖與士林派恢復名譽，承接了趙光祖的改革理想。但是天生病弱的仁宗即位後僅九

當時的日本

這個時期的日本，發生一起由日本人在海外引發的動亂寧波之亂。在三浦之亂過後的1523年，得勢的守護大名細川氏與大內氏為爭奪日明貿易的主導權，在貿易窗口寧波打了起來。這起騷動也導致日後日明貿易追加諸多限制。

個月就亡故。

重臣尹任與尹元衡為了各自擁戴的王儲有力人選而掀起對立。尹任是中宗第二位正妃——章敬王后的哥哥，也就是仁宗的叔父。尹元衡是中宗第三位正妃——文定王后的弟弟。儘管兩人同屬坡平尹氏，但是出身本家的尹任勢力稱為大尹派，尹元衡一派則稱為小尹派，兩派從中宗在位期間就水火不容。

章敬王后之子——仁宗的即位讓尹任取得優勢，但是局面卻在仁宗逝世後翻轉。因為仁宗逝世後即位的是文定王后之子（明宗）。才十一歲的明宗年齡尚幼，所以需要母親文定王后垂簾聽政。結果明宗的叔父——尹元衡在明宗登基後的一五四五年，就肅清了以尹任為首的大尹派。

透過這場乙巳士禍將反對勢力一掃而空的尹元衡，以外戚之姿掌握朝廷實權，並任職朝廷最高職位領議政。此外尹元衡之妾鄭蘭貞也輔佐文定王后垂簾聽政，然而文定王后逝世後，朝廷對尹元衡的不滿傾巢而出，失去後盾的尹元衡與鄭蘭貞遭逐出王宮，最終自盡而亡。

燕山君至明宗之間發生的戊午士禍、甲子士禍、己卯士禍、乙巳士禍並稱為「四大士禍」，是士林派遭打壓的象徵事件。

一五六七年明宗駕崩，因為沒有子嗣的關係，便由中宗之孫，也就是明宗姪子的河城君（宣祖）繼承。以旁系身分登上王位的宣祖，無視勳舊派與外戚的阻攔，積極起用士林派。勳舊派的勢力遭削弱後，逐漸遠離政治中樞。

就這樣終於成為政權中流砥柱的士林派，卻為了爭奪主導權而陷入內鬥。士林派於一五七五年在人事爭執下分裂成「東人」與「西人」，分別由宅邸坐落在首都東邊的金孝元與住在西邊的沈義謙帶領。兩派最終演變成朋黨，展開派系之爭。又稱為「黨爭」的黨內派系鬥爭，此後便反覆著分裂上演。

祕密專欄

朝鮮半島的豐富料理

特色不是「辛辣」，而是出乎意料的均衡？

「冷麵」、「湯飯」、「拌飯」都是日本常見的朝鮮半島料理。此外，平壤冷麵、開城湯飯、全州拌飯更是從朝鮮時代開始就並稱為三大料理。

提到韓國料理，很多人都會聯想到烤肉。事實上朝鮮半島一直到高麗時代以降才開始廣泛吃牛肉。這之前的王朝因為虔誠信仰禁止殺生的佛教，所以禁止肉食。到了朝鮮時代廢除佛教為國教，肉類料理才因此發達起來。為了將整頭牛吃得一乾二淨，還針對各部位打造了相應的調理方法並流傳至現代。順道一提，牛肉是上流階層的宴客料理，平民基本上都吃豬肉與雞肉。

另外，受到紅色辛奇（譯註：舊譯名為韓式泡菜）的影響，人們對韓國料理的另外一個印象或許是「辛辣」。辛奇通常是指紅色的白菜辛奇，但是辛奇的原始意思其實是「鹽

〈開城湯飯〉
將湯倒入飯中的料理

〈平壤冷麵〉
用蕎麥粉製成的涼麵料理

〈全州拌飯〉
用蛋、肉、蔬菜與飯拌成的料理

漬蔬菜」，所以也會有不辣的版本或其他蔬菜。畢竟朝鮮半島自古以來就擁有「飲食均衡就能夠活得健康、不必吃藥」的思想（藥食同源），人們認為均衡的五味（甜、辣、酸、苦、鹹）、五色（紅、綠、黃、白、黑）與五法（烤、煮、蒸、炒、生）才是最理想的飲食，所以有許多不同外觀、滋味、口感的料理。

除此之外，朝鮮半島的飲茶文化可以追溯至新羅時代。然而從中國輸入的茶葉價格在當時非常昂貴，因此庶民之間發展出另一種獨特的飲茶文化，人們會用玉米或麥煮成穀物茶，或是用柚子、柿子乾等製成水果茶。

世宗在位期間的大發明家

蔣英實

（1383～1450）

運用技術深入改善農民生活

世宗在位期間推行一系列的改革，其中從技術層面輔佐改革施政的重要功臣之一，正是蔣英實。蔣英實是朝鮮王朝著名的發明家，儘管他出身卑微，可是卻曾經前往當時的中國明朝留學，並在歸國後發明了藉由測量太陽位置確認時辰的仰釜日晷，以及時間一到就自動報時的水錶「自擊漏」等。在他眾多的發明當中，測雨器更是世界第一個測量雨量的設備。蔣英實也精通天文曆學，除了在王立天文台「簡儀台」設置原理與天球儀相通的「渾天儀」外，還設計有多種尺寸的簡儀以測量緯度。

深受世宗信賴的蔣英實官途一片光明，最終甚至升任正三品這個高位。可是他卻因為監督製造的王輿（君王乘坐的御轎）損壞而遭問罪，最終失勢。然而隨著測雨器遍布全國，蔣英實的發明對於受天候與季節變遷左右的農業卻是帶來深遠的幫助。

chapter 6

朝鮮的苦難

有備無患

宣祖治世期間陷入東人與西人的主導權之爭，朱子學者李珥盡力為兩派間的黨爭仲裁。李珥與在乙巳士禍中遭貶的李滉並稱朝鮮兩大儒，時至現代，這兩人仍以儒學大家之姿備受尊崇，一千韓圓鈔票上就印有李滉肖像、李珥的肖像則印在五千韓圓鈔票上。

兩人都是朱子學者，但是主張各異。李滉重視朱子學的原理，李珥則會廣納其他學問，按照朝鮮社會實況調整朱子學的運用。雙方的主張差異也被捲入黨爭當中，東人尊崇李滉的思想，西人則支持李珥。但是李珥本身與兩黨都保持距離，所以深受宣祖信賴，儘管如此，東人仍舊將李珥視為西人的一員，只要是李珥提議的改革都一律反對。

一五八三年，李珥提倡十萬養兵論。當時國內綱紀因為黨混亂，兵力衰弱，因此他建議在首都配置兩萬兵力、八道各配置一萬兵力以預防外敵入侵。但是東人的柳成龍等人認為強化軍備會對百姓造成莫大負擔而反對。結果十萬養兵論未獲採用，甚至李珥本身也遭貶。儘管後來李珥又重返朝廷核心，卻於一五八四年病死。八年後李珥曾經的擔憂，就以日軍來襲的形式實現。

朝鮮政權內部陷入沒日沒夜的黨爭時，日本則由豐臣秀吉於一五九〇年統一國內，並將目標放眼大陸。一五九二年，豐臣秀吉開始侵略朝鮮半島。這場在日本稱為文祿之役的侵略，在朝鮮稱為壬辰倭亂。

豐臣秀吉的主要目的是征服明朝，所以要求朝鮮臣服並且擔任前鋒帶領日軍攻向明朝。但是隸屬明朝冊封體制的朝鮮，不可能答應這種要求。負責對朝鮮外交窗口的對馬宗氏負責居中協調，最後為了維持

朝鮮歷代君主②

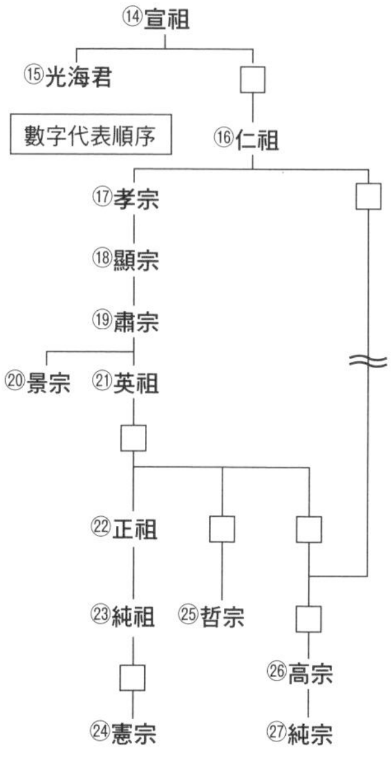

※高宗同時也是大韓帝國的第一任皇帝，純宗同時是第二任皇帝。

表面上的和平，甚至向兩國提供偽造的報告。因此豐臣秀吉為了征服明朝而帶領大軍登陸朝鮮半島，卻遭到朝鮮方的抵抗，使朝鮮半島淪為這場戰爭的戰場。

但是要說朝鮮方事前沒能預料日方來襲一事又並非如此。一五九〇年朝鮮曾命西人黃允吉為正使、東人金誠一為副使，前往日本恭賀豐臣秀吉統一國內，並且順利晉見豐臣秀吉。由於宗氏等人的假報告，使豐臣秀吉以為朝鮮是為了表達順服日本之意才派遣使者。

歸國後黃允吉報告了豐臣秀吉的傲慢態度，認為應防範日軍襲來，但是金誠一卻否定他的看法。由於這時東人在朝廷占優勢，因此左議政柳成龍支持金誠一的主張，宣祖也決定採用東人的意見。

相較於長年沒有對外戰爭經驗也毫無準備的朝鮮軍，才剛脫離戰國時代的日本武士從戰鬥技能到裝備都較優秀。因此在釜山登陸的日軍很快就占領各地，不到一個月就攻陷漢城。迎擊的朝鮮軍則屢戰屢敗。唯一成功的是在全羅道率領水軍的李舜臣，他利用海流急襲日本水軍，打亂了日本的補給線。

向明朝求援

應付不了侵略的宣祖，未戰就放棄漢城，往北逃向開城、平壤，最終甚至被追至鴨綠江南岸。百姓對宣祖拋棄漢城一事大感失望，因此底層居民攻擊了官廳，搶走並燒毀奴婢的名冊等。景福宮也遭百姓入侵掠奪。宣祖正準備從開城附近的投宿地出發前往開城時，理應隨行的重臣與士兵卻已經鳥獸散，導致宣祖一行人抵達開城時浴身在百姓叫罵聲中。此外宣祖的兩位王子也遭倒戈日本的朝鮮勢力抓捕，並且送交給日軍。

陷入國家存亡危機的朝鮮，向宗主國——明朝請求援軍。一五九三年，明朝將援軍派至朝鮮半島，但是在與日軍交戰中損失甚鉅，連兵糧都不夠用。因此明朝便開始嘗試與日本談和，這段期間朝鮮半島各地的兩班，率領著由人民組成的義兵展開游擊戰。義兵中最具代表性的領導者，是慶尚道的郭再祐、全羅道的金千鎰、忠清道的趙憲、僧侶休靜（西山大師）等。

就在義兵奮戰導致戰局陷入膠著時，日本與明朝終於談妥和平協議並決定撤軍。可是這場談判卻無視朝鮮方的意見，儘管歸還了俘虜的兩位王子，談和內容卻不符合朝鮮的利益。

戰爭暫告一段落，宣祖總算能夠起駕回歸漢城，可是這並不代表日本與明朝這場隔著朝鮮半島的戰爭已經落幕。兩國之所以能夠成功談和，是因為日本與明朝雙方的談判代表，都各自偽造了「對方已經投降」的假象。直到西元一五九六年，明朝使者帶著傳達「冊封豐臣秀吉為日本國王」的國書出使日本，豐臣秀吉才明白當初談和的條件並未獲成立而勃然大怒。豐臣秀吉一怒之下驅逐中國使者，再度準備展開侵略行動。

隔年的一五九七年，日本再度發兵朝鮮。這場日本稱為慶長之役的侵略，在朝鮮稱為丁酉倭亂。儘管朝鮮立即發兵迎擊，可是在壬辰倭亂中表現卓越的李舜臣，卻因為違反朝廷命令而遭問責，早已被解除指揮水軍的統制使一職。在如此情勢下與日軍展開海戰的朝鮮水軍自然落得大敗，宣祖連忙恢復李舜臣水軍統制使的職位重新起用。儘管這時朝鮮水軍的主力軍船只剩十二艘，李舜臣依然對日軍的前鋒部隊造成莫大的傷害。

另一方面，日軍本隊占領了朝鮮南部，卻因朝鮮軍與明軍的抵抗使戰線陷入膠著。一五九八年豐臣秀吉病逝，厭戰氛圍在日本內部擴散開來，因此日軍便決定從朝鮮半島撤退。

李舜臣追擊撤退日軍，卻遭流彈擊中戰死。直到今日，李舜臣仍以救國英雄之姿備受尊敬。不僅首爾中心建有李舜臣的銅像，一百韓圓硬幣上也有李舜臣的肖像。現在韓國海軍的主力驅逐艦群之一就以忠武公李舜臣命名，共有六艘忠武公李舜臣級驅逐艦。此外韓國海軍的驅逐艦都是依歷代名君或名將命名，像是廣開土大王、世宗大王等。

儘管二度挺過戰禍，朝鮮半島卻傷痕累累。農地荒廢、戶籍燒毀，收藏在漢城的王朝重要文獻資料也消失了。幸運的是朝廷官方紀錄《朝鮮王朝實錄》尚有一套保存在地方的副本未受損傷。不僅文化財產、藝術品都遭掠奪和破壞，許多被俘虜的百姓也被帶到日本。俘虜當中有一位名叫李參平的百姓，還在日本創造出有田燒。此外，養蜂技術也在這個時期傳到薩摩藩（現在鹿兒島縣）。據說辛奇不可欠缺的辣椒，也是在這段期間從日本傳入朝鮮半島。

宣祖為了復興國力而頒布納粟策，給予繳納穀物或金錢的人民優待。只要繳納一定金額，賤民即可升等為良民、良民可獲得官位，勞役也可獲得免除。此外在倭亂中提供援助的明朝，對朝鮮來說具有從危機中拯救國家的恩義，感念「再造之恩」的崇明意識水漲船高。事實上明朝也因為派兵至朝鮮引發嚴重的財政困難，間接導致國家步向滅亡。

戰爭落幕，黨爭續演

儘管倭亂後暫時改善了朝廷的腐敗，黨爭卻仍舊持續。東人進一步分成「北人」與「南人」，其中北人又為了宣祖繼承人進一步細分派系，支持雖是庶子卻賢明的光海君者屬於「大北」，支持年幼卻是嫡子的永昌大君者屬於「小北」。

西元一六〇八年宣祖駕崩後，年齡較長且政治實績優秀的光海君登基。結果支持光海君的大北派卻殺害了永昌大君，軟禁其母仁穆王后。這起政變也引發光海君是背後主使者的惡評。

儘管身陷惡評，光海君即位後的施政仍重振了因戰爭而疲弊的國內體制、拯救了百姓。尤其是一六〇八年剛即位時，光海君制定了名為大同法的新稅制，致力於國家財政重建與減輕農民負擔。在這之前都是直接向民間徵收官廳或王室的必需品，但是新制將這些負擔改成地稅，並且新設納稅專用的宣惠廳。剛開始實施大同法的地區僅有京畿，接下來花了一百年的時間慢慢拓展至全國。

光海君即位的隔年也與日本恢復邦交。豐臣秀吉逝世後，在掌握實權的德川氏命令下對馬宗氏與朝鮮方展開交涉。朝鮮與宗氏簽訂己酉約條後，恢復了貿易往來。日本也歸還了朝鮮人俘虜。這之後每次江戶幕府將軍更替時，朝鮮就會派遣國王的使節朝鮮通信使，前往日本進行學問與文化的交流。最初的韓古爾小說《洪吉童傳》作者——儒者許筠也受到光海君重用，曾經以通信使使節的名義造訪日本。

這時期的北方，則由女真族創立的後金不斷擴張勢力。因此光海君便同時與後金與明朝保持距離，維持中立的立場。但是這個外交方針卻受到大臣反彈，畢竟光海君不僅與恩重如山的明朝保持距離，還與日本建立了邦交。一六二三年，遭踢出政治核心的西人，擁立光海君的姪子綾陽君為王後放逐了光海君。史稱「仁祖反正」。

光海君最初遭流放至江華島，後來又輾轉到濟州島。他被視為繼燕山君之後的暴君，因此沒有廟號，但是近年世人重新評價了他的政治手段，認為他是相當務實的國王。

當時的日本

整個江戶時代中，朝鮮共派遣12次通信使赴日本。通信使共有500人，從瀨戶內海登陸大坂（大阪的古稱），幾乎都會造訪江戶。對朝鮮方來說有助於刺探日本內情，日本江戶幕府則視通信使為朝貢使節，為了彰顯權力而盛情款待。

事與願違的外交策略

在眾臣擁立下登基即位的綾陽君，廟號仁祖，是宣祖之孫。儘管如此，原本屬於王族旁系的綾陽君早先並不具備登上王位的資格，因此在位期間的施政內容強烈反映出輔佐登基的功臣，也就是西人的主張。不僅撤回光海君時代的方針，也改推行親明政權，並與後金為敵。

仁宗即位的隔年一六二四年，曾為其登基出力的武臣李适對論功行賞的結果不滿而叛變。這場李适之亂使仁宗暫時離開漢城避難，儘管最終成功鎮壓，但是部分叛軍逃到後金，協助對方討伐朝鮮。

後金便以此為藉口，於西元一六二七年派出三萬大軍侵略朝鮮，這起事件在朝鮮稱為丁卯胡亂。隨著後金軍隊迅速占領平壤後，戰事前線也逐步進逼漢城，因此仁祖不得不出逃漢城，躲至江華島避難。後來在朝鮮軍屢戰屢敗的不利情勢下，仁祖只能接受後金提出的談和條件。內容包括兩國關係以後金為兄、朝鮮為弟，並且放

17世紀前半的朝鮮與周邊

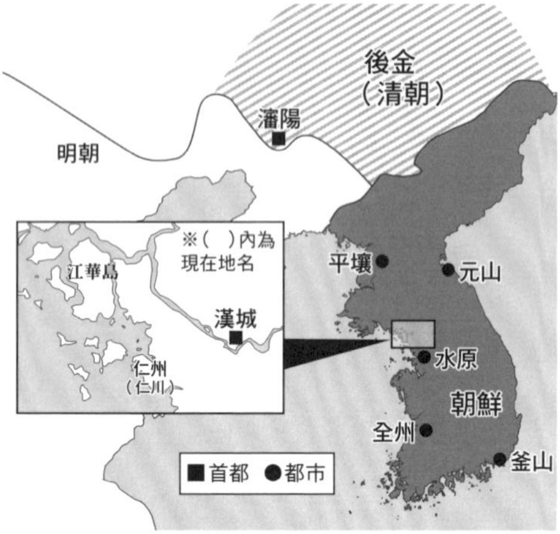

棄親明政策。但是朝中許多大臣對這份彈和條件發出反彈聲浪，這也使得朝鮮在丁卯胡亂之後，依然維持既有的親明外交路線。

西元一六三六年，後金改國號為清，新興的清國要求與朝鮮訂立君臣契約。對此，朝鮮內部儘管意見分歧，卻仍是以主戰派占絕大多數。因此清國第二代皇帝皇太極親自率兵攻打朝鮮，朝鮮稱這場戰役為丙子胡亂。清軍僅花五日就兵臨漢城城下，仁祖在倉促之間就連逃到江華島避難的餘裕都沒有，只能被困在漢城南方的南漢山城頑強抵抗。南漢山城遭清軍圍困的期間，市街慘遭蹂躪，城中糧食用盡，最後在圍城的四十天後，仁祖終於出城投降。

正統中國王朝傳承者

朝鮮向清國投降後，仁祖在漢城郊區的漢江渡口——三田渡與皇太極見面，宣誓臣服清。講和條件包括成為滿清屬國並與明朝斷交、支付賠償金、將王族送到當時清國首都的瀋陽（中國遼寧省瀋陽市）成為人質等十一項相當嚴苛的事項。這場三田渡的盟約終結了從太祖時代延續下來的對明朝貢，正式成為滿清的朝貢國。

朝鮮鄙視滿清為夷狄（蠻族），因此臣服對方可以說是一大屈辱。一六四四年明朝滅亡，滿清取而代之成為中國大陸的統治者。這時的朝鮮萌生出「我國才是滅亡的中國王朝繼承者」這種「小中華思想」。因為中國大陸落入夷狄手中，那麼長年引進中國王朝（大中華）制度與文化的朝鮮（小中華），當然就等於繼承了中國王朝。這樣的思想支撐著朝鮮知識分子，幫助他們擺脫臣服清朝的屈辱感。

一六四五年，曾為人質的仁祖長子——昭顯世子歸國時，對清朝抱持好感（親清派）的態度使仁祖震怒。由於昭顯世子回國才兩個月就病逝，因此有人認為是遭仁祖毒殺。一六四九年仁祖駕崩，接下王位的次子孝宗儘管曾經過著與昭顯世子相同的人質生活，卻因為父王被迫在清朝皇帝面前下跪又交出自己當作人質，而非常憎恨清朝。

孝宗即位後立刻強化軍備，展開侵略清朝的北伐計畫。儘管如此，當時的朝鮮並無強化軍隊的餘力，所以計畫沒能實現。孝宗在位十年就駕崩，王位傳承給其子顯宗。顯宗在位的十五年間，朝鮮半島還發生了大規模的飢荒。

朝廷權柄輪替

從顯宗手上接下王位的是長子——十四歲的肅宗。肅宗從登基初期就很擔心南人權力過盛的問題，因此於一六八〇年果斷執行名為「庚申換局」的人事異動。「換局」的意思是政權的輪替。他罷黜身居要職的南人，陸續重用了西人。西人對於南人的處置法分成「老論」與「少論」兩派。而老少兩派、南人與權力衰退的北人並稱為「四色」。

另一方面，朝廷黨爭的餘波也擴及後宮。肅宗迎娶西人舉薦的仁顯王后為正妃，南人則送美女張玉貞（史料紀錄為張氏）進宮。張氏備受肅宗寵愛並生下兒子，升上側室最高位階的「嬪」，封為「禧嬪」。這使得西人與南人對於是否立張禧嬪之子為世子一事展開對立。

肅宗於一六八九年執行第二次換局，這次流放了西人並重用南人，史稱「己巳換局」。後宮方面則廢除仁顯王后，改立張氏為正妃。但是張氏恃寵而驕，於一六九四年的「甲戌換局」中被降回嬪，並由仁顯王后復位。仁顯王后亡故後，被懷疑有咒殺仁顯王后嫌疑的張氏遭賜藥自盡。後來則由不屬於任何派系，也很受肅宗寵愛的崔氏升格為嬪。

張玉貞、為燕山君的暴政推波助瀾的張綠水，以及明宗時代的鄭蘭貞在朝鮮時代的價值觀中，被視為朝鮮三大惡女。

肅宗的施政乍看反映出他優柔寡斷的性格，但也可以解讀為透過換局引發各派對

黨派的分裂

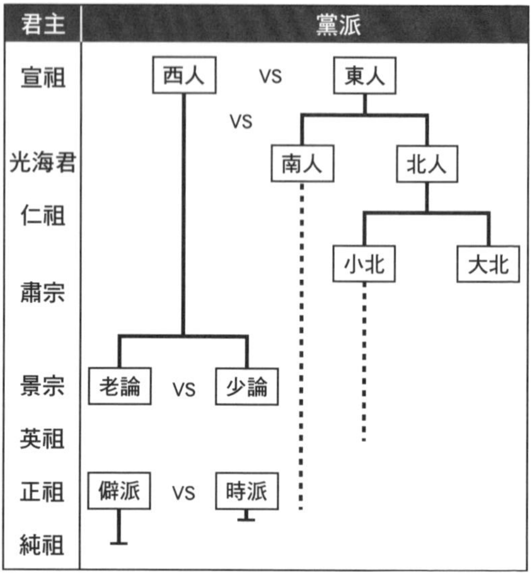

立，藉此鞏固王權。肅宗在黨爭最劇烈的情況下，擴展了大同法的實施地域，並於一六七八年發行銅錢「常平通寶」，以期活絡商業。此前的新羅與高麗時代主要使用的通貨是中國製造的貨幣，儘管在太宗與世宗時代也鑄造過朝鮮通寶等朝鮮自己的銅錢，但是卻未實際普及化，民間仍然以米、麻布與棉布代替貨幣。常平通寶的初期發行量很少，但是卻漸漸普及化，成為朝鮮的主要貨幣。

現代的日本與韓國之間有著竹島主權爭議，事實上這也源自於肅宗時代。當時日本海上的鬱陵島還是無人島，朝鮮就與江戶幕府對該島的歸屬展開了三年以上的交涉。但是朝鮮方的強烈主張導致雙方未能達成共識，最後幕府禁止日本人前往鬱陵島。這一連串的外交問題在日本稱為「竹島一件」。

之所以稱為竹島，是因為當時的日本稱鬱陵島為「竹島」。這座現在韓國稱為獨島、日本稱為竹島並各自宣稱占領的島嶼，在當時則稱為「松島」。因此日韓對於「竹島一件」中禁止前往的島嶼中，是否包含了現代的竹島一事仍各有主張。日本認為鬱陵島（當時的竹島）與松島（現代的竹島）是各自獨立的，韓國方則認為獨島（當時的松島）附屬於鬱陵島（當時的竹島）。由於現代對竹島（獨島）的稱呼也尚無定論，間接使竹島問題變得更加複雜。

平衡派系鬥爭

西元一七二〇年肅宗駕崩，由張禧嬪所出的兒子景宗繼位。由於景宗體弱多病，也無望產下繼承人，因此掌握實權的老論便擁立淑嬪崔氏之子，也是景宗的異母弟延礽君為王世弟，成為當時的世子。儘管延礽君立為王儲時也尚未成年，老論仍主張應該由世子（世弟）代王處理朝政，也就是「代理聽政」。此番建言自然引發了少論的不滿。結果老論核心人物的四名大臣，最終被冠上謀反的罪名判處流放，史稱辛丑獄事。

後來少論還試圖拉下延礽君。但就在一七二四年，景宗才即位三年就病逝，仍由延礽君登基。延礽君（英祖）即位後立刻放逐少論並重用老論。結果導致老論勢力過大，於是便透過換局重新起用少論。眼看少論又因此壯大之後，改採兩派人馬均用的蕩平策。從大臣到各官廳的人事，都會均等採用兩派人馬，藉此維持勢力平衡。在兩派勢均力敵的情況下，國家施政的最終決定權終於回到王的手中。

後來英祖將蕩平策擴及四色，致力於避免黨派勢力失衡。此外也禁止同黨派的家族通婚，打亂了因政治聯姻而更加緊密的黨派關係。並引進三審制，舉凡死刑都必須經過再審與再再審。

儘管英祖對於維持黨派平衡煞費苦心，一七五五年卻發生了戊申亂，隨著少論派中參與者遭處死，老論的勢力再度擴張。老論決定趁這次機會拉下王的嫡子——莊獻世子，因為一七四九年起英祖就讓莊獻世子代理聽政，而莊獻世子則較偏重少論的學者。因此老論便與正妃貞純王后共謀，在英祖面前挑撥離間。這使莊獻世子與英祖的關係逐漸惡化，一七六二年莊獻世子遭英祖廢位，甚至還遭關進米櫃活活餓死。史稱壬午士禍。

後來證實莊獻世子是無辜的時候，英祖深感後悔並追封思悼世子的稱號，並將莊獻世子留下的兒子立為王世孫。這位王世孫就是後來的正祖。

儘管英祖誤會親兒子並逼死他，但在朝政上仍是相當優秀的執政者。原本國家會對每位良丁徵收兩匹棉布的稅，英祖於一七五〇年實施了均役法，減半為一匹布。另外獎勵農民種植通信使從日本帶回來的番薯，以作為飢荒時的替代糧食。英祖治世長達五十二年，直到一七七六年八十三歲時才駕崩，在位期間是歷任朝鮮王當中最長的一位。

不問出身，廣羅人才

英祖晚年就開始執行代理聽政，因此英祖逝世後政權轉移到正祖的速度很快。這段時期的朝廷官員分成認同正祖之父——思悼世子遭逼死一事的「僻派」與感到同情的「時派」。儘管僻派以老論系居多，時派以少論為中心，但是實質上仍跳脫了過往的四色框架。正祖當然厭惡以老論為核心的僻派。

正祖即位後，立即下旨設立奎章閣。奎章閣是直屬王的圖書館兼研究機關，專門蒐集並考究中國與朝鮮王朝的相關文獻，同時也具備培育人才的功能。當時正祖最仰賴的人物是親信洪國榮。洪國榮除了擔任保衛首都的禁衛宮大將外，同時也兼任奎章閣、弘文館與專門取締官吏違法情事的司憲府等機構的首長。再加上洪國榮之妹是正祖的妃嬪，當時朝中無人權勢能夠媲美洪國榮。這種外戚獨占朝廷要職的情勢就稱為「勢道政治」。洪國榮的權勢滔天也引起批評聲浪，結果於一七七九年因有謀殺王后之嫌，在正祖判處下失勢。

正祖在這之後仿效祖父繼續推動蕩平策。而正祖的盪平策特徵，則是提拔了原本無法擔任公職的庶子。奎章閣的研究員不問出身與黨派，只要夠優秀就能夠加入。最後來自奎章閣的學者出任朝廷要職，也成為支撐正祖政治的核心勢力。

朝鮮時代的文藝復興

正祖仿效振興學問的英祖，致力於學問與文化的振興。一七八五年發行的法典《大典通編》，就是按照《經國大典》與英祖發行的續篇《續大典》重新編纂並追加新項目而成。

在正祖的改革之下以新學問之姿備受矚目的，是後來被稱為「實學」的思想。這是吸納西洋知識的實踐型學問，經由中國傳入朝鮮，範圍遍及工學、科學、醫學與農學等。實學最具代表性的人物，就是記述地方行政的《牧民心書》作者

丁若鏞。丁若鏞精通地理、醫學與工學，再加上皈依當時傳入朝鮮半島的天主教，所以也涉獵西洋學問。正祖計畫遷都至父親思悼世子陵墓所在的水原（現在韓國京畿道水原市），便是命丁若鏞負責建設。丁若鏞設計的水原華城，運用了西洋築城技術建立城牆，保衛中心區域，現已被登陸為聯合國教科文組織的世界文化遺產。

正祖經常遊歷各地以視察民情。無法視察的地區會派遣名為暗行御史的監察官，取締地方官的不當行為。得知百姓窮困的正祖，在儒者反彈的情況下仍推動實學以救濟百姓。

正祖於一七九一年頒布實施「辛亥通共」政策，開放漢城的商人從事商品交易。此前漢城的商品都是由名為市廛的商會獨占販售。因此正祖同意非御用商人參加商會，藉此活化商業。

朝鮮時代設有圖畫署，署內的畫家專門為王室繪製肖像等。正祖時代甚至誕生了

畫風獨特的朝鮮繪畫，與過往受到中國影響的畫風截然不同。圖畫署出身者包括擅長描繪百姓日常與景色的金弘道（檀園）、以《美人圖》聞名的申潤福（蕙園），兩人與十九世紀後半活躍的張承業（吾園）是朝鮮最具代表性的三位畫家，後人並稱「三園」。

改革陸續廢止

於中國清朝宣傳教義的天主教會——耶穌會，於正祖在位期間將基督信仰傳入朝鮮半島，並且慢慢地在民間擴散開來。然而，天主教的教義與儒學思想互不相容，因此以僻派為中心的勢力便強烈反對天主教；相對地，重視實用學問、以實學者居多的時派，則視天主教為西洋文化之一，主張應敞開心胸接納。雙方派系因天主教而引發對立。

開明的正祖原本對這場對立採取靜觀其變的態度，但是隨著皈依天主教的兩班採用天主教式葬禮一事，引發大臣的批判後，正祖不得不有所行動。一七九五年中國傳教士偷渡被發現後，正祖便下令限制了天主教的活動。

在如此情勢下的一八〇〇年，正祖因病逝世，由正祖之子即位，是為純祖。但是純祖登基時年僅十歲，由英祖的王妃，也就是貞純王后以曾祖母的身分垂簾聽政。貞純王后曾經與老論聯手逼迫正祖的父親致死，因此與正祖關係向來不睦。就在貞純王后垂簾聽政的三年間，不僅陸續廢除了正祖的改革方案，就連遷都至水原的計畫都宣告終止。她加強對天主教信仰的打壓，更下旨流放水原華城的建城負責人丁若鏞。

勢道政治結束黨爭

一八〇四年純祖開始親政。當時朝廷要職都被貞純王后娘家的安東金氏獨占，展開了以安東金氏為主的勢道政治。安東金氏一員金祖淳的女兒，在純祖還是世子的時候就嫁給他，因此丈夫登基後就成為正妃（純元王后）。安東金氏的專橫跋扈讓純祖傷透腦筋，於是替自己與純元王后所生的孝明世子，娶了豐壤趙氏之女以便對抗安東金氏。但是一八三〇年孝明氏子逝世，純祖也在一八三四年駕崩，結果便由孝明世子的兒子（憲宗）繼位。

憲宗登基時才八歲，必須由大王大妃——安東金氏的純元王妃垂簾聽政。憲宗成年親政後重用生母——神貞王后娘家的豐壤趙氏，豐壤趙氏取得權力後便與安東金氏展開激烈的鬥爭。後來憲宗在未生下繼承人的情況下，於二十二歲逝世，使正祖的直系血脈正式斷絕。豐壤趙氏失去了後盾，安東金氏則擁戴正祖弟弟之孫即位，是為哲宗，並將族內女孩嫁給哲宗當正妃（哲仁王后）。此後由安東金氏主宰的勢道政治延續了六十年。

就這樣從純祖時代開啟的勢道政治，為黨爭時代畫下句號。過去的黨爭主要是針對儒學的解釋與禮儀正確互相對立，而安東金氏雖然也是儒者，卻因為勢道政治最重視血緣，所以家族繁榮勝於一切學問。

沒落一族爬到權力頂點

安東金氏的獨裁引發無法參與政權的王族反感，不僅貪官橫行榨取民脂民膏，天災也引發飢荒，導致各地叛變四起。朝廷的腐敗與災害導致國家財政的根基——田政（地稅）、軍政（軍役）與還政（農民救濟）崩潰，史稱三政紊亂。

進入十九世紀後，英法等西歐列強的商船時不時出現在朝鮮半島的近海，要求通商與開港。不諳世界情勢的朝鮮朝廷，儘管人心惶惶卻依然束手無策。

此時挺身而出的是王室成員興宣君。興宣君是仁祖的第八代子孫，祖先因家道中落而過著貧困生活。然而父親過繼給莊獻世子的三子作為養子後，興宣君便得以接近權力中樞，後來獲得神貞王后青睞，也將自家嫡子入繼給孝明世子。最終膝下無男兒的哲宗逝世，所以由孝明世子的養子繼承王位。興宣君代替十一歲就登上王位的親生兒子高宗掌握實權，獲得大院君的稱號。由於朝鮮歷史上第一次有大院君執政，後來也沒有其他大院君出現，因此一般提到的大院君就專指興宣大院君。

大院君掌握實權後將安東金氏踢出政權中樞，進一步強化了王權。並對海外各國採取強硬的態度，不僅加強鎖國還徹底打壓天主教。有法籍傳教士在這段打壓期間遭殺害，於是法國海軍便攻擊朝鮮作為報復，最終卻遭朝鮮擊退（丙寅洋擾）。一八七一年，朝鮮擊沉要求開港的美國商船，引來美國海軍為索賠所做出的攻擊（辛未洋擾）。美國占領江華島後要求朝鮮開國，但是大院君堅定拒絕，最終美國只能放棄並撤退。

被迫開國

看到大院君對外國採取強硬態度而產生危機意識的，是高宗的正妃——閔妃（後來的明成王后）。相較於主張鎖國的保守派大院君，閔妃站在提倡開國的開化派這一邊，因此在開化派協助下於一八七三年發動政變，將大院君趕出王宮。接著閔妃與娘家驪興閔氏代替不熱衷政治的高宗掌握實權（閔氏政權）。另一方面，遭放逐的大院君仍企圖奪回權勢，這使兩派人馬的鬥爭益發劇烈。

經歷明治維新後確立新政權的日本，曾在這個時期要求與朝鮮建立邦交，卻遭大院君拒絕。再加上日方擅自將對馬藩管轄的釜山倭館（對馬的外交駐地機構）改名為大日本公館，大院君震怒之下也喊停與日本之間的交易。

朝鮮方的反應讓日本開始考慮武力征討，但是最終明治政府仍決定審慎行事。儘管大院君失勢後談判對象換成閔氏政權，雙方仍遲遲達不到共識。結果在一八七五年，日本決定派軍艦威嚇朝鮮。這時日軍以軍艦在江華島遭砲擊為藉口，開始攻擊江華島，這起事件在日本稱為江華島事件。

當時的日本

明治政府內部對於與朝鮮王朝的外交關係也有意見分歧，西鄉隆盛為此於1873年辭職時，也有600名官員跟著請辭。這場發生於明治6年（1873年）的政治變革，後來衍生日本最後一場內戰—西南戰爭以及自由民權運動。

不希望發生進一步軍事衝突的閔氏政權，於隔年與日本締結《江華條約》（日朝修好條規）後決定開國。條約的主要內容包括釜山、元山（現在的北朝鮮江原道元山市）與仁川的開港、日本公使館與領事館的設置、承認日本的領事裁判權等。

鎖國體制瓦解的朝鮮，繼日本之後也陸續與美國、法國、俄國等簽訂修好條約。但是這些修好條約對朝鮮來說都是不平等條約，引發了國內的反彈聲浪，連宗主國──清朝都表明不高興。

結果一八八二年軍隊發動政變要求放逐閔妃，史稱「壬午軍亂」。離開王宮的閔妃受到清朝的保護，此後便從開化派轉為親清派，後來清朝還逮住了煽動政變的大院君後軟禁。這個時期日本公使館遭襲擊受損，因此日方要求朝鮮賠償並答應日軍駐留，與朝鮮簽訂了《濟物浦條約》。

然而政變並未就此落幕。同時身為親日派與開化派的金玉均等朝臣，對閔妃的方針轉變大失所望，便於一八八四年掀起政變，意圖推翻閔氏政權。可是這場政變短短三天就遭清軍鎮壓，金玉均等人只得亡命日本。這起事件史稱「甲申政變」。朝鮮的朝廷無奈接受新的政局變動，與日本簽訂《漢城條約》，答應向日本謝罪並賠償損害等。日本與清朝之間則簽訂《天津條約》，內容包括雙方軍隊都要撤出朝鮮半島等協議。

一八九四年，爆發了以東學地方幹部主導的甲午農民戰爭。東學，是出生於兩班家族的崔濟愚所創的新宗教。教義與天主教和儒學都不同，是朝鮮半島的特有思想，吸引了以農民階層為主的信徒。

農民軍在朝鮮半島南部打贏官方軍隊，占領了全羅道中心地區——全州。隨著清軍在朝鮮政府請求下出兵鎮壓，日本也以保護當地日本人的名義進軍，這起事件也成為同年甲午戰爭的導火線。甲午戰爭期間，日本協助獲清朝釋放的大院君復辟，在朝鮮成立親日政權。這樣的行動使得不滿日軍的朝鮮農民發動第二次甲午農民戰爭，最後卻遭日軍鎮壓。

大韓帝國的興亡

日本打贏與清朝間的甲午戰爭後，雙方於馬關開啟談和會議並締結條約。《馬關條約》提到「清廷承認朝鮮為獨立國家」，使朝鮮正式脫離與清朝的宗屬關係。

一八九五年，在法國、德國與俄羅斯的干涉下（三國干涉還遼），日本返還甲午戰爭後得到的遼東半島。閔氏政權認為這代表日本影響力衰退，因此試圖請求俄羅斯的協助。然而日軍殺害了閔妃（乙未事變），高宗則逃到俄羅斯公使館（露館播遷或俄館播遷）。閔妃遇害一事導致反日情緒高漲，各地都掀起民眾的暴動。

一八九七年，高宗親自祭天並以皇帝之名登基，將國號改成「大韓帝國」，並訂立年號為光武。在此之前都奉行事大主義的朝鮮，因為臣服於中國皇帝所以都自稱為國王。改稱皇帝是為了表明再也不是清朝的屬國，是自主獨立國家的君主。大韓帝國這個國號則源自於古代朝鮮半島的三韓。

儘管擺脫了與中國王朝的君臣關係，但是列強各國頻頻叩關，不受大國保護就陷入存亡危機的情況依舊不變。事實上，國際局勢緊接著又變成由日本與俄國為了朝鮮半島而對立。

西元一九〇五年，日本與俄羅斯為爭奪朝鮮半島的勢力範圍對峙，兩國陷入緊張情勢，最終以日俄戰爭的形式白熱化。儘管大韓帝國在這場戰爭中宣布中立，但是日本在攻克漢城後與大韓帝國簽訂《第一次日韓協約》，對大韓帝國強力干涉。同年日本在日俄戰爭中戰勝俄羅斯後，又逼迫大韓帝國簽訂《第二次日韓協約》。日本透過這份協約，奪走大韓帝國的外交權，將其納入日本的保護國。日本為監視大韓皇帝，在漢城設置主宰大韓帝國與各國外交的「統監府」，並任命主導協約締結的伊藤博文為韓國統監府第一任首長（統監）。

一九〇七年，對日本行為感到憤恨的高宗，將控訴協約無效的親筆信送交到在荷蘭召開的萬國和平會議中。然而大韓帝國的外交權握在日本手中，因此美國等國家都拒絕接受，甚至不讓大韓帝國的密使出席。儘管密使在當地發布傳單並舉辦演講仍毫無成果，反而認清國際社會認同了日本統治。

這場海牙密使事件使高宗遭到日本政府問責，只好讓位給兒子。即位的純宗是朝鮮王朝的第二十七代君主，同時也是大韓帝國的第二代皇帝。但是即使名為皇帝，卻只是個傀儡皇帝。

朝鮮半島各地都有民眾奮起要趕走日軍，義兵抗日運動頻傳。另一方面，日本政府內部對於要併合大韓帝國還是維持獨立國家一事也有意見分歧。雖然伊藤博文反對併合大韓帝國，卻在清朝領地的哈爾濱（現在的中國黑龍江省哈爾濱市）遭朝鮮青年安重根暗殺，這一事件也促使日本政府的意見急速倒向併合。

大韓帝國方面也有追求併合的勢力，因此日本便與積極追求併合的大臣——李完用交涉。並在一九一〇年八月二十二日簽訂《日韓併合條約》，從一三九二年建國起長達五百一十八年的李氏王朝正式宣告滅亡。

朝鮮歷史的賢妻良母典範

申師任堂

（1504～1551）

韓國首位選為鈔票肖像的女性

申師任堂是朝鮮著名的書畫家和文學家。她出生於兩班貴族家庭，家中共有四名姊妹，排行次女。師任堂只是她的號，本名並未流傳下來。申師任堂於18歲成親後，以詩人與畫家的身分活躍於當時，並有許多作品流傳於世。在女性難登大雅之堂的朝鮮時代，才能受到丈夫與夫家認同的申師任堂，可以說是非常罕見的例外。

除此之外，申師任堂也以賢妻良母的形象聞名。她為了敦促丈夫考取科舉而分居，獨自扶養7個孩子，並認真教育孩子，其中三男李珥更成為知名的儒者，肖像也印在現代5000韓圓鈔票上。

2009年，申師任堂自己也被選為幣值最高的鈔票——50000韓圓使用的肖像，鈔票上還繪有她的作品，這也是韓國史上第一次為鈔票設計選擇女性肖像。此外，她的代表作《草蟲圖繡屏》也獲指定為國寶。

chapter 7

從日本統治下獨立

併合與殖民

併合條約使得大韓帝國成為日本的殖民地「朝鮮」，曾為帝國首都的漢城改稱為「京城」。被迫退位的純宗、嬪妃、皇太子與前皇帝高宗獲得「王族」的地位，且遜位後的純宗改遷入建築物已經大幅度減少的昌德宮。王族以外的舊韓國皇族改稱為「公族」。無論王族或公族，都可獲得相當於日本皇族的待遇。除此之外，併合後也廢除了過往的身分制度，上至士族（兩班）下至奴婢，在新的體制下都一律統稱為平民。

話說回來，併合條約中的「併合」究竟是什麼意思呢？其實日本是為了在國內宣傳與國際形像上削弱殖民地統治的印象，才刻意選擇「合併」與「統合」以外的用詞。現在的韓國稱韓國併合的事件為「韓日合邦」或「庚戌國恥」，也會以日本帝國主義的簡稱「日帝」作為日本統治時代的代稱，稱這段時期為「日帝強占期」或「日帝時代」等。

事實上，日本早在簽訂併合條約之前，就開始為統治韓國做足準備。舉例來說，雙方簽訂《江華條約》後沒多久的一八七八年，日本設在朝鮮的第一國立銀行（一八九六年改組後成為第一銀行），於一九〇二年發行朝鮮半島第一批的近代鈔票——第一銀行券，券面上還繪製著第一銀行的總經理澀澤榮一的肖像。第一銀行實現猶如大韓帝國中央銀行的地位後，就由大韓帝國於一九〇九年正式設立國立韓國銀行，並承接了第一銀行的業務。併合後韓國銀行就改名為朝鮮銀行。

併合後的韓國統監府，改組為朝鮮總督府（後續稱總督府），剛開始直接使用統監府的建築物，但是在一九二六年於景福宮範圍內新設廳舍後，總督

當時的日本

甲午戰爭後被日本併合的不只有朝鮮，馬關條約同時也將台灣割讓給日本，因此台灣在日韓併合之前的1895年至第二次世界大戰結束的1945年之間，都在日本的統治之下。日本在台灣設置總督府，並展開皇民化政策。

府便隨之遷移過去。統治著朝鮮的朝鮮總督（後續稱總督）直屬天皇，擁有莫大的權限。第一代總督是現役陸軍大將，也是第三代韓國統監——寺內正毅。總督府在總督的帶領下，設有總督官房、內務、度支（財務）、農商工與司法五個部會，再往下則有九局。

寺內正毅在擔任統監的任內，第一步著手的就是土地調查事業。為了確立近代的土地所有權，並且藉由地稅徵收穩固總督府的財政基礎，從併合之前的一九一〇年三月就已經陸續推展。一般的民有地，會按照申報決定所有權人，至於未申報的土地和所有權人不明的土地，以及舊韓國皇室與國家機構的土地則歸為日本國有地。可是這些土地當中，其實包含了長期由農民耕作，實際上屬於民有地的土地，另外也有不少害怕課稅而不敢申報者。土地調查事業藉由法條認證了朝鮮人地主，以及自一八七六年開港後就取得朝鮮土地的日本地主所有權；此外也將部分國有地廉價賣給日本地主。

至於地方行政劃分，則將過往的八道細分為十三道，道的地方首長為知事；與道並行的府（相當於日本行政區劃下的市）則設置府尹，當然也都由日本人擔任。隸屬於道的郡、邑與面（相當於日本的町、村）首長雖然由朝鮮人擔任，但是負責實務的書記仍是日本人。

公共建設方面則鋪設了鐵路與道路。併合起十年間整頓了連接京城與元山的京元線等、連接大田與木浦的湖南線、連接平壤與鎮南浦的平南線等內陸至港口的路線網（參照205頁的地圖）。此外日本透過一九〇五年締結的《樸茨茅斯條約》，從俄羅斯帝國（後續稱俄羅斯）手中接收了東清鐵道南滿州支線，因此寺內正毅也加以整頓改建，並於一九一一年銜接起這條鐵路與朝鮮境內的鐵路，此後便有急行列車可直通哈爾濱。透過鐵路得以運輸大量物資後，朝鮮就成為通往大陸的玄關，工業與商業都隨之活絡。

但是參與這些公共建設事業的都是進軍朝鮮半島的日本企業。一九一一年頒布的會社令，是用以規範並核准公司設立的法條。然而日本人設立的公司很快就獲准，朝鮮人卻遲遲無法取得。

教育領域同樣發生了變化。朝鮮時代各地都設有名為書堂的私塾，只有富裕階層能夠接受教育，授課時使用的也是難學的漢文。日本建設的新學校則讓庶民接受教育，並改使用好記的韓古爾，讓韓古爾得以普及。

日本急劇的制度改革剝奪了兩班的特權，引發兩班的反彈。為了對抗兩班勢力，總督府引進了憲兵警察制度。憲兵原本是主掌軍隊治安的組織，但是朝鮮的警察人數太少，所以憲兵也兼任警察業務。儘管整體憲兵當中朝鮮人所占比例較高，但是長官都是日本人，朝鮮人只能擔任憲兵輔助員或巡查。

憲兵的長官階層擁有不經審判就行刑的權限，因此會逮捕反抗日本統治的人。這種高壓統治稱為「武斷政治」。

獨立意識高漲

雖然武斷政治導致朝鮮人的反日情緒高漲，但是憲兵警察的取締非常嚴格，使國內難以展開民族運動。結果俄羅斯、中華民國等海外就出現了號召投入民族運動的朝鮮人團體。中華民國是以辛亥革命為契機，於一九一二年扳倒清廷後在中國大陸成立的新國家，以革命家孫文為中心。

在武斷政治的同時，日本成為一九一四年至一九一八年間第一次世界大戰的戰勝國。世界大戰結束的隔年，美國總統威爾遜發表了包括民族自決在內的《十四點和平原則》。這是讓各民族決定自己民族事務的原則，也讓日本統治下的朝鮮萌生獨立志向。

在上海活動的獨立運動家金奎植，來到舉辦議和會議的巴黎提倡朝鮮獨立。這時在美國留學並致力於獨立運動的李承晚，也試圖前往巴黎，但是美國政府卻不同意他出境。這兩人與後來大韓民國（韓國）的成立，都有著相當大的關係。

以「朝鮮近代文學之祖」備受尊敬的李光洙，他在日本留學期間的一九一九年二月八日，與同伴一起發表《二八獨立宣言》。李光洙回國後也任職於《東亞日報》，從事執筆工作。

從公園開始的獨立呼聲

就這樣海外掀起了獨立的風潮，朝鮮國內的佛教、天主教與天道教（前身為東學）的宗教領袖也團結一致。儘管現代韓國有將近一半的人口沒有信仰任何宗教，但是當時的佛教與天主教互相抗衡，天道教的信徒也不少，因此宗教領袖在當時有著非常大的影響力。

他們選出了三十三名民族代表，計畫於一九一九年三月一日於京城的佛塔公園（現在的塔洞公園），宣讀由與李光洙齊名的文學家崔南善起草的《獨立宣言》。並悄悄印製了獨立宣言的傳單，預計發送到全國各地。由於高宗在這一年逝世，因此便決定在高宗葬禮這一天執行。

三月一日當天，三十三名民族代表擔心運動被當成暴徒行為而自首，遭到總督府逮捕，但是公園卻聚集數千人。隨著學生代表讀完宣言，現場陸續高呼起「獨立萬歲」。群眾從公園踏上街頭，沿途群眾紛紛加入示威遊行，甚至達到數萬人。

後來這場擴及全國的運動稱為「三一運動」。三月底至四月之間遍地開花，發展至參加人數高達兩百萬人的程度。總督府為了鎮壓這場運動，除了憲兵與警察外還出動了軍隊。

鎮壓過程中許多朝鮮人犧牲，包括女學生領袖十五歲的柳寬順。柳寬順遭逮捕後，在嚴刑拷打下死於監獄。柳寬順被視為獨立運動烈士，被譽為「朝鮮的聖女貞德」。

一九一九年四月，海外革命黨員為呼應三一運動，而在上海宣布成立「大韓民國臨時政府」。成員包括在海外活動的李承晚、呂運亨、金九等人，其他躲避鎮壓而逃至國外的朝鮮革命家也前來響應。三一運動在日本軍隊的鎮壓下，花了一年才逐漸平息。但是總督府感受到朝鮮人的獨立意志後，也被迫重新審視統治方針。現在韓國將三一運動發生的三月一日訂為「三一節」，屬於國定節日。

總督府的政策轉向

三一運動尚未平息的一九一九年八月，總督府執行了官制改革。原本擔任總督的都是現役軍人（大將），改制後文官也有機會擔任，儘管在這之後仍持續由軍隊出身者擔任總督。這場改革還廢除了憲兵警察制度，將憲兵警察整合至普通警察，警官數量卻反而增加了。

官制改革的同時，此時日本在位的大正天皇也發話了。天皇認為日本國民與朝鮮人同是天皇的臣民，理應一視同仁。新上任的總督——前海軍大臣齋藤實，為實現一視同仁的目標，持續推動新的政策，試圖消除日本人與朝鮮人對立的現狀。史稱「文化政治」。

總督府決議先行向朝鮮人讓步，減緩對言論、出版、集會、結社等行為的取締。西元一九一九年，朝鮮第一部電影《義理的仇討》上映，一九二〇年在現今名列韓國三大報社的《東亞日報》與《朝鮮日報》兩大報正式創刊。另外，於一九二六年上映的電影《阿里郎》，則講述殖民下的不公並讚揚對權力的反抗精神，一時之間大為轟動。順道一提，阿里郎是朝鮮相當具代表性的民謠。一九二七年，京城放送局開始播放廣播。

除此之外，於一九二二年制訂的第二次朝鮮教育令，分別為經常使用國語（當時為日語）者與不經常使用者，專門設計初等與中等教育課程，同時也設立大學，朝鮮最早的綜合大學京城帝國大學於一九二六年開辦。一九二〇年隨著會社令廢除，朝鮮企業終於得以發展。

這段期間的規範與取締相較於武斷政治時期都放緩許多。可是在日本文化政治的背後，其實是想培養綏靖主義，讓朝鮮人沉浸在日本文化中而降低獨立意願。確實也有朝鮮人在這段期間轉變為親日派立場，而非親日派的朝鮮人依然遭到打壓。報章雜誌仍然受到總督府檢閱，警官也總是緊盯著團體聚會。朝鮮兒童上的普通學校也都採取日語教育。儘管會社令已經廢除，卻也只是加快資本實力較為雄厚的日本企業發展。

資本主義與勞工運動

執行文化政治的期間，朝鮮也致力於農地改革以做好糧食的調度，成功將朝鮮半島的稻米產量提升到一定程度。但是朝鮮半島生產的稻米有四成以上都被運到日本，農民無法確保充足的米飯，陷入糧食不足的困境。為此總督府從滿州引進小米，但是隨著乾旱發生，窮困農民相繼出現。儘管地主階層的財富不斷累積，但是大多數的農民都是自耕或是租地耕作，隨著農耕沒落，農民前往都市地區謀求新出路，也有一部分的人湧向滿州與日本。為謀生而來到日本的朝鮮人，會進入薪資低廉的工廠等並定居下來，成為所謂的在日朝鮮人。

不只是農業，工業也按照日本的利弊發展。日本財閥陸續進軍朝鮮，日本資本的大規模工廠，以廉價薪資雇用貧困的農民。但是朝鮮企業在輕工業方面，也有一定程度的發展。舉例來說，金性洙設立的京城紡織就發展成朝鮮首屈一指的紡織公司，現在仍以京紡之名存續。其他像是平壤、京城與釜山的橡膠鞋工業、平壤的平織（織物）工業也都是由朝鮮人資本家創立。

工業化使資本主義滲透朝鮮半島，勞工運動也逐漸活絡。一九二一年，釜山埠頭的港灣勞工就展開了大規模的罷工，並在各地組織工會，形成全國性的系統。位居核心的是民族主義運動家，以及對抗資本主義的共產主義者。

朝鮮民族的社會主義運動，最初是在俄羅斯革命後，由當地朝鮮人為追求權益而展開的。一九一八年李東輝等人在哈巴羅夫斯克結成韓人社會黨，隔年，金哲勳等人結成全俄高麗共產黨（伊爾庫次克派），在雙方互相對抗的情況下，影響力逐漸傳播到朝鮮內部，結果在一九二〇年代初期，上海派系的首爾青年會、伊爾庫次克派的火曜會，以及曾赴

當時的日本

朝鮮推動農地改革的背後，其實與日本的「米騷動」有關。1918年富山縣魚津町（現在的魚津市）發生的米騷動，逐漸擴大成全國性暴動。為了克服這場因為米價高漲而觸發的反抗事件，才會決定增產朝鮮的稻米產量。

日留學者為主的北風會等團體誕生。

這之後的一九二五年朝鮮共產黨誕生，隔年獲得蘇維埃社會主義共和國聯盟（後續簡稱蘇聯）主導的國際共產運動領導機構——共產國際承認。同年，日本也制定治安維持法，這條法律就是為了揭發共產主義者，所以朝鮮也適用。朝鮮共產黨遭遇反覆的檢舉與重新組織，最後於一九二八年遭共產國際撤銷認證。但是共產主義運動家仍持續重組。

來到日本的朝鮮人

自一九二〇年起的十年間，定居在日本的朝鮮人增加至十倍，將近有三十萬的在日朝鮮人。當時的日本各地都在進行大規模的公共建設，包括鐵路與道路整頓、水力發電所的建設等，因此需要大量雇用朝鮮人作為勞動力。但是朝鮮人從事的都是低薪資的重度勞動工作，行動也往往受到限制，即使暫時返回朝鮮也必須出示「一時歸鮮證明書」。

一九二三年關東大地震發生，對朝鮮人的歧視隨著毫無根據的謠言擴散開。市民與自警團展開了朝鮮人狩獵，甚至有上千名朝鮮人遭殺害的說法。

有部分的朝鮮人前往當時同樣在日本統治下的滿州，一九三〇年時朝鮮移民甚至多達六十萬人。大多數人都是在擁有土地的朝鮮人或中國地主手下租地耕作，生活稱不上輕鬆。

另外，也有許多獨立運動家為逃離總督府的迫害，來到滿州組成武裝集團，這些集團統稱為獨立軍。日本知悉獨立軍的動向後，也在滿州當地加強對朝鮮人取締。在滿州遭到追擊的獨立軍當中，有一部分向北逃亡，投奔於一九二二年成立的蘇聯共產主義政權下勉強存續。一九二九年在中國北部活動的朝鮮獨立運動團體，整合組織為國民府。

上海的大韓民國臨時政府，目標在各國支援下獨立，與期望以武力爭取獨立的李東輝互相對立後逐漸衰退。

滿州國誕生與朝鮮地位轉變

一九二九年，以美國紐約股票市場為源頭的大恐慌開始了。這場世界經濟恐慌海嘯，也席捲了日本與朝鮮。儘管朝鮮的稻米產量增加，卻因為農作物價格暴跌，即使出口量增加也面臨利益減少的問題，引起承租土地耕作的農民不滿。

同年十一月三日，全羅南道的光州有日本人中學生侮辱朝鮮人女學生，造成了日朝學生的衝突，然而警察卻僅逮捕朝鮮人。朝鮮人對此展開了以學生為主的抗議活動，並且一直延續至隔年。

一九三一年七月，中國吉林省有朝鮮人農民與中國人農民為爭執水權而起衝突，也就是所謂的萬寶山事件。這起事件使朝鮮掀起了排斥中國人的運動，最後甚至開始襲擊朝鮮境內的中國人。事件發生兩個月後，日軍為了侵占滿州而引發柳條湖事件，這起事件使日軍獲得滿州的實質統治權，史稱「九一八事變」。日本與中國反目成仇後，許多住在滿州的朝鮮人受到萬寶山事件影響，醞釀出反中情緒，進而選擇與日本同一陣線而成為親日派。控制了滿州的日本，也將朝鮮視為侵略中國的前線基地、生產據點，以及日本與滿州的中繼站，因此比以往更加重視朝鮮。

一九三一年任職總督的前陸軍大臣宇垣一成，決定推動農村振興運動，救濟難以維持生計的租地農民。對於這段期間頻繁發生的農地租用爭議，也於一九三四年祭出朝鮮農地令，規定農地租借超過三年且持續耕作的租戶有權租用土地，同時取締不當解雇租戶的地主。

滿州國建國後的朝鮮

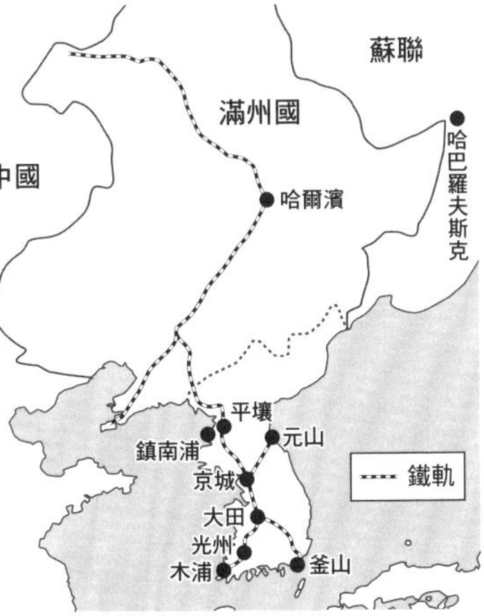

隨著工業化的進展，投入化學、能源領域的日本新興財閥型企業，開始在朝鮮半島北部建造水力發電廠與化工廠。成功建設電力生產設施後，又進一步將事業擴建至化學肥料、油脂、火藥與輕金屬等產業。廣設工廠的結果便是提高對勞動力的需求，企業也開始從南部調動大批勞工北上。後來又進一步因應鋼鐵業的建設，原先在日本本土經營礦產的日本財閥，也隨後進軍朝鮮半島。

推動皇民化政策

一九三六年，陸軍出身的南次郎就任新總督，並開始推動朝鮮人的皇民化運動。皇民化，意指日本語言與習慣徹底滲透朝鮮的行為，可以說是典型的殖民地政策。皇民化政策的核心，包括確立日本國家根本為天皇一事的「國體明徵」、將朝鮮與滿州視為一體的「鮮滿一如」、實施日本化教育的「教學振作」、同時發展農業與工業的「農工並進」、驅逐貪官汙吏的「庶政刷新」這五大政綱。這是為即將與西方列強一戰所做的準備，改變朝鮮人的民族意識，將他們化為日本人才方便在侵略中國時動員。

中日戰爭隨著一九三七年發生的蘆溝橋事變爆發，朝鮮的士兵與後援益發重要。

因此日本開始要求朝鮮人表現出皇國臣民的態度，強化了日語教育，刪除朝鮮語必修課程，也有義務在學校或公司齊聲誦念親日派李覺鐘所寫的「皇國臣民誓詞」。原本祭祀天照大神與明治天皇的朝鮮神宮等各地神社，是專為待在朝鮮的日本人所設，現在也強迫朝鮮人前往參拜。

一九三九年，總督府更祭出朝鮮人的「創氏改名」相關制令。也就是說，朝鮮人必須設定新的日本氏取代原本的朝鮮姓（創氏），並建議將名字也改成日式風格（改名）。朝鮮的姓氏代表了父系血統，即使結婚也因為夫妻血統不同的關係，不可能發生妻子冠夫姓這種事情。但是日本的氏是家或家族的標誌，因此當時的日本民法規定，妻子必須使用丈夫的氏。簡單來說，這個政策的本質就是想把日本的「家制度」引進朝鮮。

在隔年二月至八月的申報期間，有八成的朝鮮人向政府提交日式的氏與名字。這段期間沒有申報的人，會直接將原本的金或李等姓當成氏使用。即使乍看沒太大的差異，背後卻隱含著莫大改變。儘管戶籍不只記載新設的氏，也會同時登載舊姓，但對於重視父系血統的朝鮮人來說，受到的精神痛苦可不小。這個政策實施後第五年，朝鮮因日本戰敗而解放，這項政策隨之廢除，朝鮮人得以取回原本的姓名。

皇民化政策推動的結果，就是戰爭時也會動員朝鮮人。朝鮮王朝末期開始，就有朝鮮人加入日本陸軍的幼年學校與士官學校。中日戰爭期間也招募朝鮮志願兵，將他們派遣到各個戰場。

一九四一年，隨著太平洋戰爭爆發後，日本國內的軍力已然漸感不足，所以也開始在朝鮮實施徵兵制。一九四四年首次在朝鮮實施徵兵檢查（確認徵兵適齡男性的身體狀況是否符合需求）。可是當第一批朝鮮士兵召入軍隊時，當時已經是戰敗氣息濃烈的一九四五年，結果在新兵訓練的途中就迎來終戰，所以被徵召的朝鮮士兵實際並未上前線。

此外為了彌補嚴重的勞動力不足，日本實施了勞動力方面的動員。雖然最初是以招募的形式進行，但是一九三九年在日本制定的國民徵用令，從一九四四年起也適用於朝鮮人，因此便有不少朝鮮人被強行帶往日本。這就是到現代仍懸而未決的徵用工問題起源。一九四一年開始動員學徒，三年後的八月則祭出女子挺身勤勞令。十二歲到四十歲之間的女性，都被迫在軍需工廠等工作。

此外還雇用包括未成年在內的女性為軍隊慰安婦，並將她們派遣至戰地。慰安婦是受到軍方管理的性工作者，專門為軍官士兵提供性服務。儘管慰安婦同樣採取招募的形式，其中卻包括因詐欺、人口販賣或誘拐等而被迫參與的女性。因此軍隊慰安婦的問題至今仍是日韓關係中的一大腫瘤。

從日本統治中解放

被戰爭逼到不得不強制動員朝鮮人的日本，終於在一九四五年八月十五日，接受聯合國提出的波茨坦公告，宣告無條件投降。對日本來說，八月十五日是終戰紀念日，對韓國來說這一天卻是從殖民統治中解放的「光復節」，是韓國的國定節日。光復的意思是「恢復失去的光」，也就是「取回失去的主權」。八月十六日，朝鮮半島決定以北緯三十八度線為界，展開分割統治。這場分割統治與美國、蘇聯的對立情勢息息相關，因為就在同一年的八月八日，蘇聯對日宣戰後就開始南下，擔心整個朝鮮半島都被蘇聯占領的美國，便向蘇聯提出分割統治的提議。至於為什麼是北緯三十八度線呢？因為這條線正好可將朝鮮半島分成南北兩等分。

失去朝鮮半島統治權的日本總督府，擔心朝鮮半島會在蘇聯統治下赤化，因此在政權轉移的過程中，便將維護治安的權限交給大韓民國臨時政府的創設成員之一呂運亨。另一方面，總督府也開始為聯合國軍隊的進駐做足準備，包括燒毀公文藉此銷毀重要機密等。

九月二日，日本簽署《降伏文書》後，總督府正式解散，並掛上新的統治者——美國的國旗。隨著日本戰敗，朝鮮半島各地開始發生攻擊日本人的事件。日本人在美軍司令部的主導下陸續撤退，而他們原先在朝鮮半島的財產，從工廠到農地全數都遭到沒收。

取得治安權限的呂運亨，率先組成朝鮮建國準備委員會，並於九月六日宣布「朝鮮人民共和國」的建立。主席由當時在美國活動的李承晚擔任，呂運亨本身為副主席，內務部長為金九，前大韓民國臨時政府的主要成員成為新成立的朝鮮人民共和國的核心幹員。但是朝鮮人民共和國並未受到美國與蘇聯的承認，國際社會認為給予朝鮮人自治權還為時尚早。

一九四五年十二月美國、蘇聯與英國在莫斯科展開外交會談，決定以託管五年的方式，將朝鮮半島北側交給蘇聯與中國，南側交給美國與英國。至於南北統一與獨立方面的問題，將由美國與蘇聯於這五年間進一步討論再決定。這個無視朝鮮人想法的決定引發獨立運動家的怒火，因此展開反對運動。然而朝鮮國內同樣有諸多分歧的意見，使反對運動欠缺統一。

大韓民國的成立

在日本統治時代的開發政策下，朝鮮半島北部以重工業為主，南部以農業與中小工業為主。這個傾向稱為「南農北工」，使南北經濟平衡出現嚴重的落差。因此剛按照北緯三十八度線分割時，北側擁有壓倒性的經濟基礎優勢。南側陷入嚴重的公共建設與糧食不足的問題，不得不仰賴美國的支援。在經濟混亂的情況下，示威與罷工也不斷爆發。

同時美國與蘇聯的對立益發嚴重，位在冷戰最前線的朝鮮半島，成為雙方角力的場所，這使統一與獨立方面的談判遲遲未能獲得共識。與蘇聯交涉難以有所進展，讓美國放棄談判，索性按照南側追求獨立的聲浪，向聯合國提議藉由南側的單獨選舉建立政權。儘管蘇聯反對這個提議，但是聯合國決議於一九四八年五月十日，在聯合國臨時朝鮮委員會（UNTCOK）監督下進行選舉。

這場選舉是追求僅南側獨立的李承晚派，單挑追求在南北統一下建立政權的金九派。雙方對立相當激烈，甚至發生了暗殺、恐怖攻擊與暴動等，此外反對選舉的北側同樣也出手阻礙選舉。

按照既定計畫於五月十日舉辦的朝鮮首場國會議員選舉結果，選出了一百九十八名國會議員，李承晚任職專門制定憲法的制憲國會議長。後來國會公布了第一共和國憲法，決定藉由國會議員的間接選舉，選出總統作為國家元首。而七月十七日的總統選舉，則由李承晚出線成為第一任總統。李承晚的政敵金九在總統選舉後，遭到狂熱支持李承晚的極右派青年暗殺。

一九四八年八月十五日，成為總統的李承晚宣布「大韓民國」（韓國）成立。這個國號源自於李承晚組建的大韓民國臨時政府，但是其實就是沿用大韓帝國的國號「大韓」，以及代表民主國家的「民國」組成。再進一步追溯的話，也與曾統治朝鮮半島南部的三韓勢力有關。

韓國內部的行政劃分，則沿用日本統治時代的八

道（參照15頁的地圖），再加上於一九四六年從全羅南道分離出來的濟州道（後來成為濟州特別自治道）共計九道。京城改稱為「서울（Seoul）」並定為首都，서울是朝鮮的固有名詞「首都」。此外現在為中文選定「首爾／首尔」這個漢字作為漢字標記。

此外，新政府廳舍則直接沿用原本總督府的建築物，總統官邸即為原本的總督官邸。總統官邸的建築物屋頂是藍色的，因此一九六〇年後就改稱「青瓦台」。

一分為二的朝鮮半島

宣布大韓民國成立的隔年一月，美國政府承認了韓國，使韓國正式成為獨立國家。但是新建國的韓國面臨的問題堆積如山，財政搖搖欲墜、通貨膨脹嚴重，民眾深陷貧困。

另一方面，韓國宣布國家成立後，統治北側的蘇聯便大力反對。蘇聯的目標是將整個朝鮮半島共產化，並且建立傀儡政權。因此蘇聯盯上了由金日成率領的朝鮮共產黨。金日成出生於平壤，童年住在滿州。一九三二年左右加入中國共產黨，持續展開抵抗日本的運動，後來就逃到蘇聯的沿海地區。

一九四六年，蘇聯將朝鮮共產組織整合成北朝鮮勞動黨，一九四八年八月二十五日設置最高人民會議後制定了憲法。九月九日由金日成擔任領袖的「朝鮮民主主義人民共和國」（北朝鮮）創建，國號源自於朝鮮王朝或古朝鮮。

經過日本統治以及美國蘇聯的分割統治，朝鮮半島睽違五十年總算再度恢復為民族獨立建國的國家。但是這也代表生活在朝鮮半島的人們，被切割成南北兩側。再加上即使已經是獨立國家了，北朝鮮仍舊在蘇聯的掌控中，韓國也擺脫不了美國的影響。

首位朝鮮半島出身的金牌得主

孫基禎

（1912～2002）

致力於韓國田徑界的發展與體育振興

孫基禎出生於日本統治時期，原本因為家境貧窮無法升學，但是跑步很快而被高中挖掘，後來成為馬拉松選手。在1935年東京舉辦的比賽中締造當時的世界紀錄，獲選為日本代表，並於隔年舉辦的奧運中獲得冠軍，成為第一位獲得金牌的亞洲人。

不過，當時《東亞日報》在報導孫基禎榮獲金牌的新聞時，刻意遮掉制服胸口的日本國旗，結果遭到無限期停刊的嚴厲處分。

隨著二戰結束後，大韓民國建國，孫基禎也恢復韓國國籍，以韓國田徑教練的身分指導後進，也擔任過大韓田徑聯盟的主席，以及奧運代表團的總監督。

儘管孫基禎是朝鮮半島首位奪得奧運金牌的運動員，不過對於韓國來說，韓國史上第一位獲得金牌的選手，仍應歸屬於1976年蒙特婁奧運男子摔角組的梁正模。

chapter 8

大韓民國的步伐

東西冷戰的最前線

朝鮮半島被切割成南北兩側後，雙方都主張「我國才是合法的朝鮮政權」。韓國的李承晚宣布「北進統一」，北朝鮮的金日成則揚言「國土完整」，雙方都企圖用武力統一朝鮮半島。

一九五〇年舉辦了第二屆國會議員選舉，由李承晚率領的執政黨——大韓國民黨大敗後，成為多數派的在野黨提出縮小總統權限的法案。為了維持強大的權力，李承晚在探索國民直接選舉總統這條路之餘，也開始鎮壓反對派、打壓共產主義者，獨裁色彩漸濃。

美國提供韓國要求的軍事援助並非支持獨裁，僅是從積極的反共產主義者這一點對李承晚抱持好感。當時美國與蘇聯的對立稱為冷戰，屬於美方的韓國與屬於蘇聯的北朝鮮接壤的北緯三十八度線，可以說是冷戰的最前線。朝鮮半島被哪一個陣營統一，就代表著另一個陣營的敗陣。

北朝鮮冷眼看待韓國與美國關係的同時，與國共內戰（中華民國政府與中國共產黨的內戰）中勝利後成立於一九四九年的中華人民共和國（後續稱中國）、蘇聯兩國建交。蘇聯領袖史達林剛開始不允許北朝鮮以武力侵略韓國，但是仍提供武器支援，協助擴充北朝鮮的軍備。在軍備擴張的背後，藏著史達林不願與美國直接對決，但是北朝鮮單獨侵略無妨的思緒。

一九四九年，蘇聯成功製造出核彈（原子彈），有信心與美國抗衡的史達林，同意北朝鮮攻打韓國。

一九五〇年六月二十五日的早晨，北朝鮮軍在沒有宣戰的情況下南下，「韓戰」正式開打。韓國不具備戰車等像樣的軍事能力，士兵的訓練也不足。另一方面，北朝鮮軍不僅裝備充足，還有曾打過第二次世界大戰的蘇聯士兵、曾在中國內戰中以共產黨員身分打仗的朝鮮人士兵參戰，因此很快就逼近首爾。

美國總統杜魯門得知北朝鮮的侵略後，立刻要求聯合國安全理事會（安理會）召集會議。此時蘇聯正為杯葛聯合國而缺席，因此二十七日安理會就決議譴責北朝鮮軍，要求他們退回三十八度線以北。

這時的韓國總統李承晚已經離開首爾，國內軍警也決定放棄首爾。在戰爭期間，韓國的共產矯正組織，也就是專門關押共產分子的國民輔導聯盟，不僅處死被關押的囚犯，同時也引發國內大規模搜捕共產分子的恐怖行動。人民一旦被指認為共產分子，往往未經審判就遭到殺害。

另一方面，當韓軍往南撤退時，也炸掉首爾南方橫跨漢江的橋梁，導致橋上逃難民眾不幸遇害。這場漢江大橋爆破事件，導致在前線奮戰的韓軍為之潰散，軍隊士氣極為低落。不僅漢江以北的民眾被政府拋下，當北朝鮮軍進占時，當地居民也被徵召為士兵。

後來北朝鮮軍仍占據優勢地位，韓國政府透過屢次遷都的方式持續南下，到了八月十八日已經被趕到釜山。在這樣的情況中，以聯合國軍總司令身分駐留日本的麥克阿瑟，獲任命為以美軍為主的聯合國軍隊（多國籍軍隊）司令官，於一九五〇年九月十五日，執行仁川登陸作戰。

朝鮮半島的冷戰對立構造

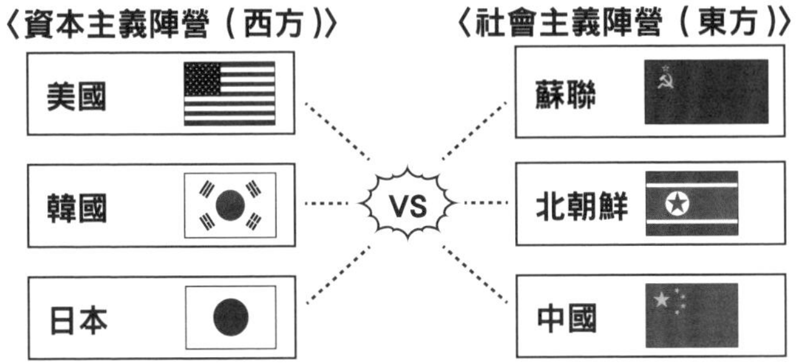

韓戰的南北勢力變動

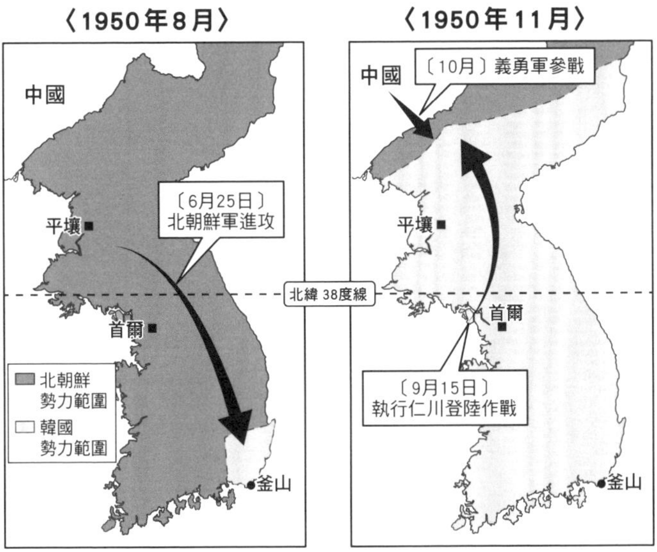

登陸作戰成功後，北朝鮮與韓國的形勢立刻逆轉。聯合國軍在九月二十八日奪回首爾，並跨越三十八度線開始進攻北朝鮮。李承晚強烈主張北進，美國也接受這個提議，十月聯合國便決議建立南北統一政府。

聯合國軍隊占領了北朝鮮首都平壤，甚至一路追擊到與中國相接處的鴨綠江。金日成逃到中國吉林省並尋求蘇聯協助，但是史達林不願成為眾矢之的，所以便要求中國協助。雖然這時的中國共產黨主席毛澤東無意派兵，仍在蘇聯的壓力與北朝鮮的懇求下出兵。但是派遣的並非正規軍——人民解放軍，而是人民志願軍（義勇軍）。選擇志願兵是為了藉「並非以中國政府的身分介入戰爭」這個理由，避免與美國正面對決。

義勇軍的參戰讓北朝鮮軍重奪氣勢，十二月就搶回平壤，到了一九五一年時首爾再度淪陷。儘管之後又透過聯合國軍隊奪回首爾，但是要求對北朝鮮與義勇軍使用核武的麥克阿瑟遭解任。取而代之的新司令官——李奇威重振了處於劣勢的聯合國軍隊。

北緯三十八度線的停戰協定

聯合國軍隊奪回首爾後決定再度北上，卻被義勇軍阻擋，兩軍隔著三十八度線互不相讓。一九五一年六月二十三日起展開停戰談判。儘管金日成目標是南北統一，但在戰事膠著的情況下仍不得不考慮休兵。史達林與毛澤東對停戰一事相當消極，尤其史達林更打算讓中國從中獲得近代戰爭的經驗，藉此培養將共產主義拓展至全世界的戰力。所以金日成只好親自說服史達林，才終於獲得停戰的共識。

韓國方面的李承晚則強烈反對停戰，議會也支持繼續戰鬥。因此美國與其約定包括駐韓美軍等未來的防衛協定，試圖藉此說服韓國。儘管如此韓國仍主張北進，所以美國索性無視韓國，透過蘇聯與中國、北朝鮮展開交涉。

談判數度陷入瓶頸，直到一九五三年史達林去世才有所進展。七月二十七日美國、中國與北朝鮮終於締結了停戰協定，唯有韓國不接受停戰而不肯簽署。停戰協定劃分了軍事境界線作為兩國邊界（參照13頁的地圖）。軍事境界線的南北兩公里範圍內屬於非武裝地帶（DMZ），簽訂停戰定的板門店附近，則設置了由韓國與北朝鮮兩軍組成的共同警備區域（JSA）。共同警備區域除了兩軍外，還設置由瑞士等中立國家組成的監督委員會。

但是這次談判未能簽訂終結戰爭的和平條約，僅只是休戰。因此儘管韓戰已經是七十年前的往事，卻仍是「持續中」的戰爭。後來和平條約時不時被提出，卻往往未能實現，每當北朝鮮宣布要放棄停戰協定時，南北邊界就會充滿緊張。此外，由於停戰協定是跳過韓國進行，因此北朝鮮認定的談判對象是美國。

這場韓戰在韓國稱為「六二五動亂」，北朝鮮則稱為「祖國解放戰爭」。雙方損傷嚴重，聯合國與韓國軍隊中戰死的有韓軍約四十二萬人、美軍約五萬人、聯合國軍約三千人、韓國民眾約一百零六萬人。根據推測，朝鮮與中國方光是戰鬥要員的死傷人數，就達兩百萬人以上。但是若要算入韓國方鎮壓共產主義者所造成的犧牲人數，則仍屬未知。

除了人類的傷亡之外，戰爭也造成農地荒廢、工廠遭破壞，對農業與工業的影響甚鉅，其中韓國更是陷入嚴重的糧食不足。

戰爭造成南北分裂，對往後影響最為深遠的就是同民族之間產生了不信任與憎惡。有不少韓國人在戰爭中被帶去北朝鮮，或是出征途中劃分了界線，導致與家人被分隔與南北兩邊。這種一家人遭拆散的狀態，稱為離散家族。據說韓戰造成的離散家族多達一千萬人。

獨裁的首任總統

韓戰結束後，北朝鮮確立了由朝鮮勞動黨一黨獨大的局面，金日成也在肅清政敵後建立獨裁體制；韓國同樣在李承晚手中，強化了獨裁體制。戰爭造

當時的日本

韓戰期間，日本正受到美國占領，成為美軍的後方基地，負責補給的工作。由於戰爭需要大量的物資，結果這波「戰爭特需」反而促進日本國內經濟活絡。這段期間日本也積極打壓共產主義者、設立警察預備隊（自衛隊的前身）。

成南北各自催生獨裁國家，此外由於韓戰僅是休戰狀態，因此韓國引進了徵兵制度，所有成年男性都有兩年的兵役義務。

李承晚帶領的執政黨，在戰前的國會議員選舉中大敗，因此便提出兩院制的修正法案——由國民直接選出總統，國會分成上院與下院，前者由總統任命的議員組成，後者由選舉選出的議員組成。儘管這條修正案引發反彈，但是李承晚在國內實施戒嚴令後，於一九五二年七月強行修正憲法。

同年一月李承晚發布海洋主權宣言，設定了人稱「李承晚線」的領海水域，陸續逮捕進入其主張為韓國領海的日本漁船。並且以李承晚線為基準，認定竹島也是韓國領土。事實上他做出領海主張另有目的——李承晚將日本提供的賠償金用來振興國內經濟，但是國內對於恢復邦交一事產生了反對聲浪。因此便逮捕日本人，以作為外交角力的工具。

李承晚在八月的直接選舉中再度成為總統，但實際上這是一場受到政府介入的違法選舉。渴望終身總統制的李承晚，於一九五二年在國會提出廢除總統連任限制的憲法修正案，修憲的投票數必須達議席的三分之二，也就是需要一百三十六票，結果贊成票數只有一百三十五票，還少了一票。於是李承晚就藉由「正確來說是一三五・三三票，四捨五入就是一百三十六票」這種生硬的理論展開修憲。

一九五六年的總統選舉中，李承晚祭出了各種手段，包括掉包投票箱、利用死亡者或不在國內者的名義、事前拿到投票單迫人投票等。後來這種違法選舉，就成了李承晚政權的常用手段。

群眾抗議下失勢

李承晚的獨裁體制，被稱為第一共和國。這個時期的韓國因為通貨濫印造成通膨嚴重，結果一路掉到最貧窮國家。李承晚政權便將美國提供的支援物資分拆後轉賣給民間，將這些物資的加工設定為國家主要產業。其中被稱為三白工業的製粉業、製糖業與紡織業加工企業，更是與政府勾結後逐漸成為財閥。

一九五〇年起實施的農地改革，將國家在戰爭中收購的農地轉賣佃農。當時規定人們最多只能持有三町步（約三公頃）的農地，禁止租給農民耕作或其他用途。這是為了淘汰地主，增加自耕農數量。但是隨著美國以產量過剩的農產品作為援助物資後，韓國農產品立刻暴跌。窮困的自耕農決定放棄土地，前往都市工廠勞動。

在經濟政策失靈的情勢下第三次當選總統的李承晚，同時舉辦的副總統選舉則由反對勢力所集結的民主黨張勉當選。備受威脅的李承晚，於一九六〇年三月十五日舉辦的總統選舉中，延續前述違法措施成功當選第四次總統。憤慨的民眾展開示威遊行，政府卻動員警察取締。就在這時，參加示威的高中生遺體被發現了。

這起事件造成批判李承晚的聲浪擴大全國，四月時的遊行隊伍甚至到達數萬人，示威人潮更圍住總統官邸。由大學生、高中生與市民組成的十四名代表，與李承晚見面後要求其辭職。李承晚只得接受要求，於四月二十六日宣布辭去總統職位。這一連串要求總統下台的事件，稱為「四月革命」。後來李承晚攜家帶眷逃往國外，最後於一九六五年死在夏威夷。

爆發軍事政變

四月革命之後，由曾為外交部長的許政暫代總統職位。這段期間執行了以議院內閣制與公選兩院制為主的修憲，韓國政治體制正式進入第二共和國時期。後來的普選中在野黨的民主黨大勝，由尹潽善擔任總統、張勉當選國務總理。尹潽善與李承晚一起建立了大韓民國臨時政府，後來兩人分道揚鑣後，尹潽善就成立了民主黨。第二共和國限縮總統的權限，由主導內閣的國務總理以首相之姿掌握實權。

儘管大權握在民主黨手中，但是公約中的南北統一未有進展，對李承晚政權的違法行徑也態度曖昧；再加上黨內內鬥嚴重，失望的市民與學生開始頻繁示威。對民眾動向感到威脅的軍部，決定於一九六一年五月十六日發動政變，成立軍事革命委員會。他們占據議會，要求尹潽善與張勉表態支持軍事革命委員會、解散議會。

軍事革命委員會的領袖是少將朴正熙。朴正熙自滿州陸軍軍官學校畢業後，加入士官學校並成為日本軍人，戰爭結束後加入韓國軍隊，並在韓戰中打響名號。

輔佐朴正熙的是中佐金鍾泌等陸軍士官校八期生。政變派設立了國家重建最高會議，朴正熙擔任議長，任命金鍾泌為韓國中央情報部（KCIA）首長，以鞏固權力基礎。國家重建最高會議以一九六二年國民投票達七八%的同意票為依據，展開修憲強化總統權限。隔年的總統選舉中，由新成立的民主共和黨代表朴正熙當選，國會議員選舉同樣由民主共和黨獲得壓倒性的勝利，正式進入第三共和時期。

朴正熙於就職前發表了第一次五年計畫，目標經濟獨立，不再完全仰賴美國的援助。此外也將李承晚政權為止使用的貨幣單位「圜」改成「원（WON）」。「원」其實就是日本統治時代「圓（円）」的韓語發音。但是貨幣發行時發生通膨，所以便實施十圜兌換一원（WON）的貨幣改值（貨幣單位的貶值）以抑制通膨，但是效果不彰。

朴正熙為了獲取日本的援助，開始摸索恢復邦交這條路。然而各地因為根深蒂固的反日情緒而發起反對運動，所以朴正熙便實施戒嚴令以抑制這些運動。就這樣於一九六五年六月二十二日，締結了《日本國與大韓民國間的基本關係條約》（日韓基本條約）。這項條約提到日本認同韓國為朝鮮半島的正統政權、無償提供經濟支援三億美金、政府借款兩億美金、同意在日韓國人的日本永久居住權等。

這時，韓國政府對徵用工、慰安婦等的培養請求權含糊其辭，以經濟援助資金的形式與日本達成協議後恢復邦交。這個應對方式在事後遭致猛烈的批判。日本則以日韓基本條約解決了對朝鮮半島（包括北朝鮮的部分）的戰後補償（賠償）。

後來在美國的要求下，韓國於一九六四年參加越南戰爭。到戰爭結束為止，韓國軍隊投入越南戰爭的士兵數量多達二十三萬人。除了士兵之外，還派遣了技術工作者與勞動者前往。韓國的出兵為國家帶來特需，到越南戰爭落幕的一九七二年時，貿易收支的輸出金額已達兩億八千萬美金，非貿易收支的輸出金額達七億四千萬美金。當時的匯率約為三六〇〇億日圓，換算成現代價值約等於一兆五千萬日圓。

日韓基本條約所獲得的八億美金，以及透過越南戰爭特需產生的十億美金以上外幣收入，成為一九六七年起展開的第二次五年計畫重大財源。政府以這筆錢在各地推動工業化，沒有跟上工業化的鄉村地區，則透過一九七一年開始的新鄉村運動，推動農村的近代化。一九六〇年代後半期開始的韓國高度經濟成長，後來被稱為「漢江奇蹟」。

總統遭暗殺！

經濟好轉讓朴正熙於一九六七年的總統選舉中再度當選。隔年一月，北朝鮮游擊隊跨越三十八度線，襲擊青瓦台。朴正熙為了報復這場青瓦台襲擊事件，暗中組成暗殺金日成的部隊。但是北朝鮮隨後要求展開南北會談，所以在一九七一年後韓國對北朝鮮的態度軟化，金日成暗殺計畫也跟著喊停。

但是好不容易登場的南北會談卻以破裂告終，兩國互相不肯讓步，並且譴責對方，這場破裂的會談進一步強化雙方劍拔弩張的對立關係。其後北朝鮮通過修憲，為金日成擔任國家主席的未來鋪路後，就與蘇聯、中國保持距離，提倡自行實現共產主義的主體思想，構築自己的共產主義體制。

另一方面，朴正熙於一九七二年十月突然發布戒嚴令，展開名為「十月維新」的改革，其中之一就是修憲。維新憲法延長了總統任期，於是擁有新體制的第四共和國時代宣告開啟。

朴正熙在改革前投入總統選舉，這時屬於保守勢力的在野黨──新民黨的總統候選人金大中票數大幅成長，感受到威脅的朴正熙便於一九七三年八月，指示中央情報部綁走身在日本的金大中。這起事件引來美國介入，因此金大中並未被暗殺，而是在幾天後於首爾自宅附近獲釋。

後來朴正熙利用國家安保法與反共法等，嚴加取締反對自己的勢力。一九七四年由於在日韓國人文世光射殺了朴正熙的妻子，這起事件導致朴正熙強化鎮壓反對勢力的力道。為朴正熙鞏固獨裁統治的幫兇正是中央情報部，但在一九七九年十月二十六日，朴正熙卻在宴會中遭堪稱親信的情報部部長暗殺。後來犯人在沒有聽取口供的情況下於隔年遭到處死，因此殺害動機至今成謎。

總統遭暗殺後由總理崔圭夏接下總統大位。崔圭夏在外交官時期就已經成為朴正熙的親信，後來陸續成為外交大臣與總理。崔圭夏負責處理朴正熙的國葬，並赦免（免除罪責）金大中等政治犯。這起事件使名為「首爾之春」的民主化運動在國民之間高漲。

但是一九七九年十二月，曾任少將的保安部長全斗煥發動政變。由於軍事實權握在全斗煥等人組成的一心會當中，因此對政權帶來相當大的壓力。猶如與民主化潮流開倒車的軍事政變引發民眾反彈，各地示威不斷。全斗煥為了抑制民眾的行動而宣布戒嚴令，再度逮捕反動分子金大中。

其中尤以金大中的地盤——慶州南道光州市的示威最為嚴重，因此全斗煥更投入最精銳的空挺部隊。一九八〇年五月十八日，發生示威學生、市民與軍方發生衝突的光州事件。這次的武力鎮壓造成大量死傷，但是當時的光州市遭軍方封鎖，因此國內在情報控制下並未報導。然而有德國記者潛入光州，才終於由海外媒體爆出。韓國國內一直到民主化之後，人們才知道這起事件。

鞏固權力基盤的全斗煥，以煽動光州事件之名宣布金大中的死刑。此外也強迫崔圭夏辭職，親自成為新總統。接下來又頒布新憲法，將總統任期延長至七年（禁止再度參選），韓國正式進入第五共和國時期。

隨經濟高漲的民主化運動

全斗煥政權除了堅持獨裁外，從一九八二年起也展開了新的五年計畫。八〇年代後半，在韓圓貶值、原油價格下跌、利率低這「三低景氣」的支撐下，順利帶來經濟成長。

大眾文化隨著經濟發展而發達。電視台也整合成韓國放送公社（KBS）、文化放送（MBC）、基督教中央放送（CBS）這三大電視台。一九七〇年的電視普及率才六・四％，到了一九八〇年時已經達九七・六％。一九八〇年南山首爾塔對外開放後，就成為首爾市的地標。電視台也開始製作戲劇節目與綜藝節目等，報社除了《東亞日報》與《朝鮮日報》外還多了《中央日報》與《韓國日報》，當今四大報都已經問世。此外也出現了運動報或經濟報等。

但是這些電視節目與報社都受到政府檢閱與打壓，結果因為參加民主化運動而失去飯碗的記者們，共同創辦報紙《한겨레》（韓民族日報），成功吸引許多讀者。報紙名稱한겨레（HANGYORE）就是「一個民族」的意思。

全斗煥的文化開放又稱為３Ｓ（Screen、Sex、Sport）政策。Screen代表彩色電視的普及，Sex代表撤銷宵禁後得以發展的聲色場所，Sport包括夏季奧運的舉辦、一九八二年韓國職棒聯盟與隔年足球超級聯賽（現在的Ｋ聯賽）的成立。

這時隨著經濟發展而逐漸壯大的中產階級開始批判獨裁統治，就在奧運舉辦的隔年一九八七年，執政黨民主正義黨（民生黨）的黨代表盧泰愚，發表「六二九民主化宣言」，才讓高漲的民主訴求聲浪平息下來，這一連串的民主化運動又稱為「六月抗爭」。儘管盧泰愚出身軍旅，也曾是全斗煥的盟友，但是提出的政策方向卻與同是軍人出身的總統截然不同，保證實施民主總統選舉與修憲。隨後全斗煥失勢，第五共和瓦解。

順道一提，一九六〇年代將釜山市升為直轄市（一九九五年起稱為廣域市）後，一九八〇年代時仁川市、大邱市、光州市、大田市、一九九〇年代時蔚山市都陸續升格。釜山擁有世界數一數二的樞紐港（海上運輸的中繼據點），不僅是地位重要的港灣都市，還是韓國第二大的都市。後來於仁川新設國際機場、大邱與蔚山朝著工業都市的方向發展，光州與大田同樣持續開發中。到了二〇〇〇年代，除了濟州特別自治道之外，還新設了位在韓國南部，分擔部分首都機能的世宗特別自治市，這樣的行政劃分就一直維持到現在（二〇二一年）。

一九八七年的總統選舉中，在野黨分裂成金泳三派與金大中派，所以由執政黨民政黨的盧泰愚當選。盧泰愚發布新憲法後，就一如公約開始推動民主化。新憲法中的總統採直接選舉，任期縮減成五年且不得連任。削弱總統權限的同時，也強化了國會的權限。這個時期開始稱為第六共和國，是維持到現在（二〇二一年）的韓國基本政治體制。

一九八八年首爾舉辦了夏季奧運，並展現韓國的國技跆拳道，成功讓跆拳道成為後續奧運的正式項目。此外北朝鮮拒絕參加這次奧運以示抵制。另一方面，一九九一年韓國與北朝鮮同時加入聯合國，韓國不僅改善了與共產國家的關係，也與蘇聯、中國建立邦交。

辦在奧運之後的第一次國會議員選舉中，在野黨占大多數的席次。因此盧泰愚便與金鍾泌率領的新民主共和黨聯手，共創新的民主自由黨。一九九二年的總統選舉中，民主自由黨的代表——金泳三順利當選。

身為非軍人出身的平民總統，金泳三背負著國民莫大的期許。金泳三排除政權內的軍人勢力並展開「歷史的重新評價」，審視四月革命與光州事件中的政府鎮壓行為。結果以鎮壓民主化運動的罪名，逮捕了全斗煥與盧泰愚。

經濟方面，金泳三任期內韓國新興的工業經濟區（NIES）急遽成長，國民生

現行韓國的政治體制

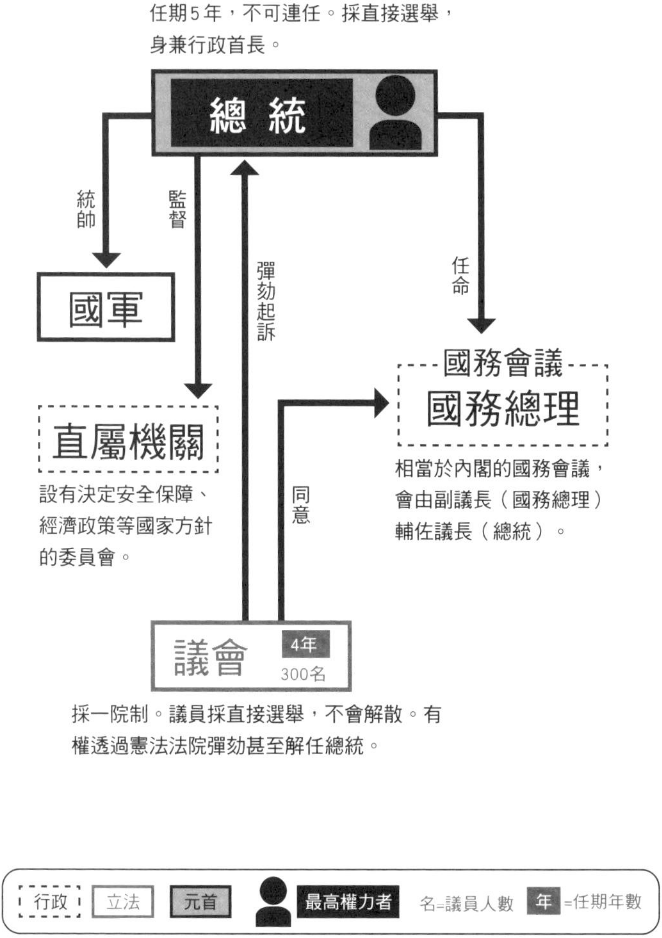

任期5年，不可連任。採直接選舉，身兼行政首長。
總統
統帥
監督
彈劾起訴
任命
國軍
國務會議
國務總理
直屬機關
設有決定安全保障、經濟政策等國家方針的委員會。
同意
相當於內閣的國務會議，會由副議長（國務總理）輔佐議長（總統）。
議會
4年
300名
採一院制。議員採直接選舉，不會解散。有權透過憲法法院彈劾甚至解任總統。
行政
立法
元首
最高權力者
名=議員人數
年
=任期年數

產毛額（GNP）更在一九九五年突破一萬美金，隔年又加入經濟合作暨發展組織（OECD）。

然而就在經濟順利發展的一九九七年，亞洲金融危機的浪潮襲向韓國。首先導火線為財閥破產。在戰後急速擴張勢力的三星、樂喜金星、現代與大宇這四大財閥，成為韓國經濟的領頭羊。隨著為財閥提供無擔保融資的銀行不良債權增加，中堅財閥陸續破產，銀行只能進一步回收不良債權，結果就連大型財閥都跟著面臨破產危機，也導致韓圓跟著貶值。

韓國為了跨越經濟危機，請求國際貨幣基金組織（IMF）的協助。國際貨幣基金組織提供五百五十億美金紓困，代價是必須展開金融自由化與財閥改革。韓國稱這次經濟危機為「IMF衝擊」。

這場經濟危機中，金泳三因為次子貪汙而失勢。此後總統就職期間、卸任後被曝光違法情事的情況，逐漸常態化。因為金泳三辭職而於一九九七年舉辦的總統大選中，勝選的是以民主運動家的身分，在軍事政權期間受到打壓的金大中。

陽光迎來諾貝爾獎

一九九八年任職總統的金大中，為了使國內從經濟危機中重振而主導財閥重組。首先是大宇財閥破產關閉，解散現代財閥與起亞汽車合併為現代汽車。樂喜金星則以ＬＧ電子之名，進軍電子機器領域而復活；三星也以Samsung之名，拓展手機事業。結果形成現在的Samsung、現代汽車、ＬＧ電子與手機電信公司ＳＫ電訊，並稱新時代的四大財閥。此後韓國也始終以科技先進國家的地位，持續在全球拓展商業版圖。

接著金大中宣布了「陽光政策」。這個政策源自於伊索寓言的「北風與太陽」，是打算與敵對勢力握手言和的綏靖政策。他不崇尚曾綁架自己的朴正熙政權、全斗煥政權，傾向與北朝鮮與日本都構築友好關係。一九九四年死去的金日成傳承給金正日，而金大中就透過這個方針於二〇〇〇年初期，實現了與金正日的南北首腦會談。備受讚譽的金大中因為這次會談獲得了諾貝爾和平獎。

金大中對日本也採取階段性的文化開放，在韓國可以享受日本的音樂與戲劇，相反地也將韓國電影與音樂等影音媒介輸出日本。二〇〇二年更與日本共同舉辦世界盃足球賽，縮短了兩國的距離。

但是即使是這樣的金大中，也因為兒子貪污罪證確鑿而支持率急墜，二〇〇〇年的國會議員選舉中，由繼承民主自由黨精神的大國家黨成為第一大黨。世界盃後的二〇〇二年總統大選，則由金大中提拔的新千年民主黨總統候選人盧武鉉當選。但是盧武鉉當選後沒多久就因為家人的違法嫌疑，遭受在野黨占大多數的議會猛烈批評，對政權營運造成阻礙。

二〇〇〇年代的韓國經濟穩定，於九〇年代被稱為「三八六世代」（六〇年代出生、八〇年代從事學生運動的三十多歲青年）的革新派，成為韓國的團塊世代（學生時代為學生運動鼎盛時期，後來遇到經濟起飛的世代）漸趨保守。此外貧富差距逐漸擴大，尤其年輕人更是迎來就職冰河期（就業困難時期）。儘管從殘酷的升學戰爭中脫穎而出，又順利從大學畢業，就業卻遇上層層阻礙，甚至領著最低薪資的年輕人被稱為「八十八萬韓圓世代」。

持續至今的平衡外交方針

二〇〇七年，在野黨大國家黨派出前首爾市長李明博參加總統選舉後大獲全勝。李明博提倡全球外交，與北朝鮮、日本、美國、中國與俄羅斯採取全方位的關係強化。二〇〇三至二〇〇四年播映的韓國電視劇《冬季戀歌》大轟動，帶動了韓流、東方神起等K-POP偶像風潮，日韓兩國的往來更加活絡。儘管韓圓於二〇〇八年受到雷曼兄弟事件影響暴跌，但是透過與日本等的通貨利率交換重振，並成為二〇一〇年的G20舉辦國。

二〇一三年，李明博卸任後，前身為大國家黨的新國家黨候選人朴槿惠當選。朴槿惠是朴正熙的女兒，不僅是韓國首位女性國家元首，也是東亞第一位。

朴槿惠宣示會仿效父親功績，促進經濟成長並振興文化振興，為國民謀求幸福。

但是朴槿惠政府在二〇一四年的世越號沉沒事件中應對過於遲鈍，再加上被爆料出為親信開後門而遭受朝野猛烈批判。這時的韓國貧富差距更加擴大，一邊是財閥子女的蠻橫新聞浮上檯面，一邊是失業人數急遽增加，這些因為生活不穩定而放棄戀愛、結婚、生子的年輕人被稱為「三拋世代」。

二〇一六年底，罷免朴槿惠的聲浪增大，最後演變成示威遊行。因此國會同意了對朴槿惠的彈劾起訴案，使她成為民主化後第一個適用總統彈劾制度的人。朴槿惠遭罷免連帶導致新國家黨瓦解，後來的總統選舉由在野黨共同民主黨的文在寅獲得壓倒性勝利。解體後的新國家黨成為自由韓國黨，自稱是國民的力量，是文在寅總統任內韓國的最大在野黨。

文在寅曾為律師，在二〇一二年的總統選舉中，是繼承新千年民主黨等流派的民主統合黨候選人，但卻在這次的參選中敗選。就職後的文在寅揭露朴槿惠的違法行進，同時對付益發嚴重的失業問題。外交方面則繼承綏靖主義，二〇一八年與金正日繼承人——金正恩舉辦了南北首腦會談。同年在平昌舉辦冬季奧運，北朝鮮選手隊也前往參加。

但是這種對北朝鮮的綏靖政策卻遭致美國批評，另一方面向美國引進戰區高空防禦飛彈（THAAD），也引發中國的不滿。對日方面則拒絕承認朴槿惠政權針對慰安婦問題所締結的協議，其他像是竹島問題與徵用工問題等，也都貫徹強硬的態度。

回顧歷史，朝鮮半島的國家是在時而受到大國庇護、時而對抗大國的兩難局勢存續。現代同樣被夾在美國與中國兩個大國之間，與日本、北朝鮮這些鄰國之間也關係複雜，在國際社會生存的平衡感備受考驗。

祕密專欄

韓國國旗

源自中國的易經思想

從中國傳到朝鮮半島的思想除了佛教與儒學外，還有風水等。韓國稱國旗為「太極旗」，就源自於其中一個思想。

「太極」是出自中國經典《易經》的名詞，是種「萬物都是從太極分出兩儀，又從中衍生出四象，四象則會成為八卦」的思想。萬物指的是從人到草木這些存在於世界中的一切；太極是這一切的根源，並且分成兩儀（陰與陽）。陰陽指的是男女、天地、日夜等將世界一分為二的事物。接著陰陽會像細胞分裂一樣，分出四象與八卦。提到八卦時，日本人可能會聯想到占卜，事實上原本指的是宇宙萬物的構成。

朝鮮時代是在國王旗繪製太極與八卦，並非國旗。隨著時代演進，朝鮮時代末期與各國簽訂條約時，逐漸構想出現在國旗的原型。但是對於太極旗的創作者與設計完成日仍眾說紛紜，只能確定此階段的旗幟在日本統治的期間稱為太極旗，並且在獨立運動家之間傳播運用。最後在大韓民國成立後的一九四九年，正式定為國旗。

二〇〇七年隨著《大韓民國國旗法》頒布，統一了顏色、配置等設計。

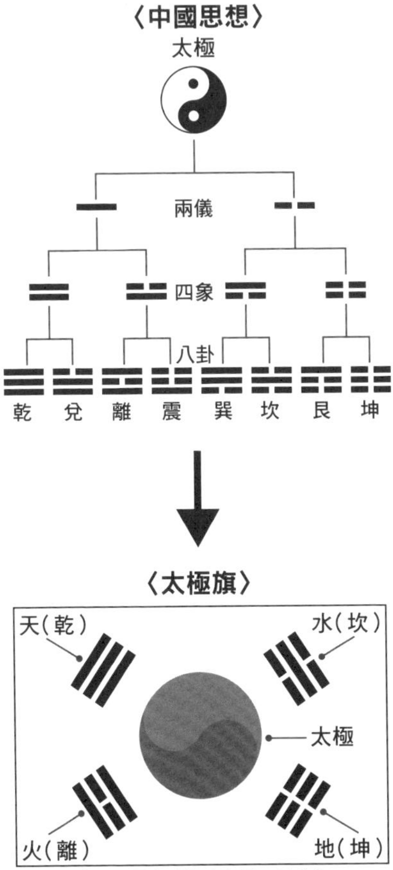

白底……國土（代表和平、純粹）
太極……國民（紅色為陽，藍色為陰）
四卦……政府（代表萬物的對立與均衡）

朝鮮半島與中國主要王朝、國家、時代

※「〜」是代表建國時期模糊，「空白」則代表尚無明確國家，「⬇」是這段期間的王朝變動。

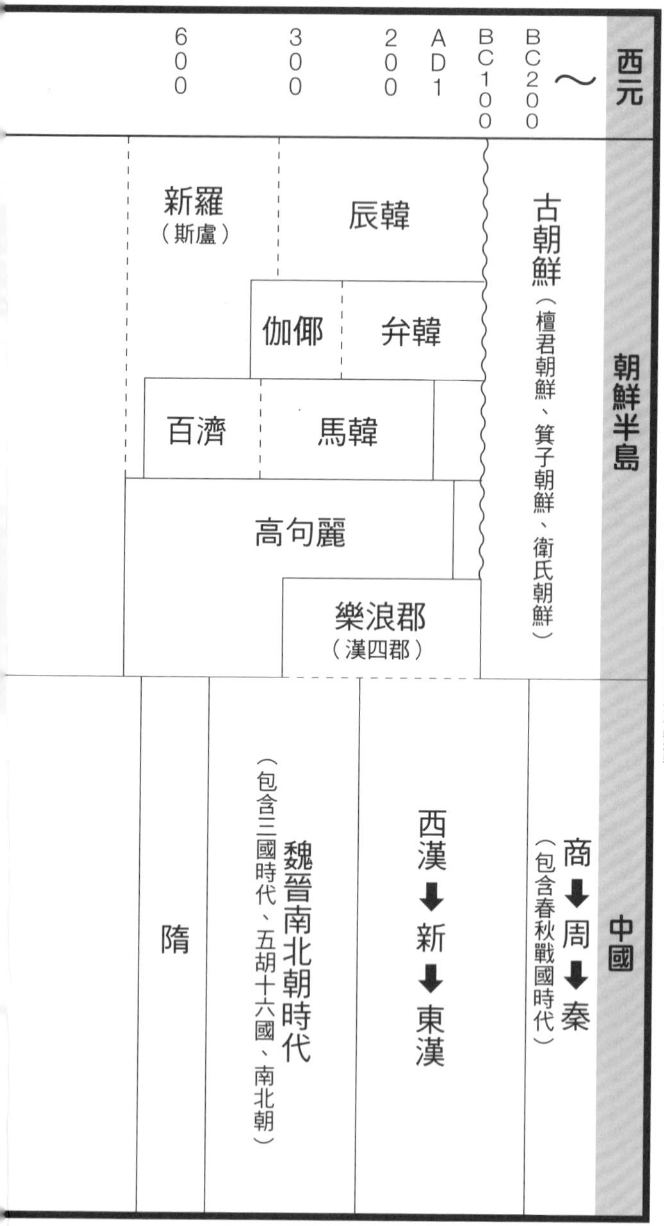

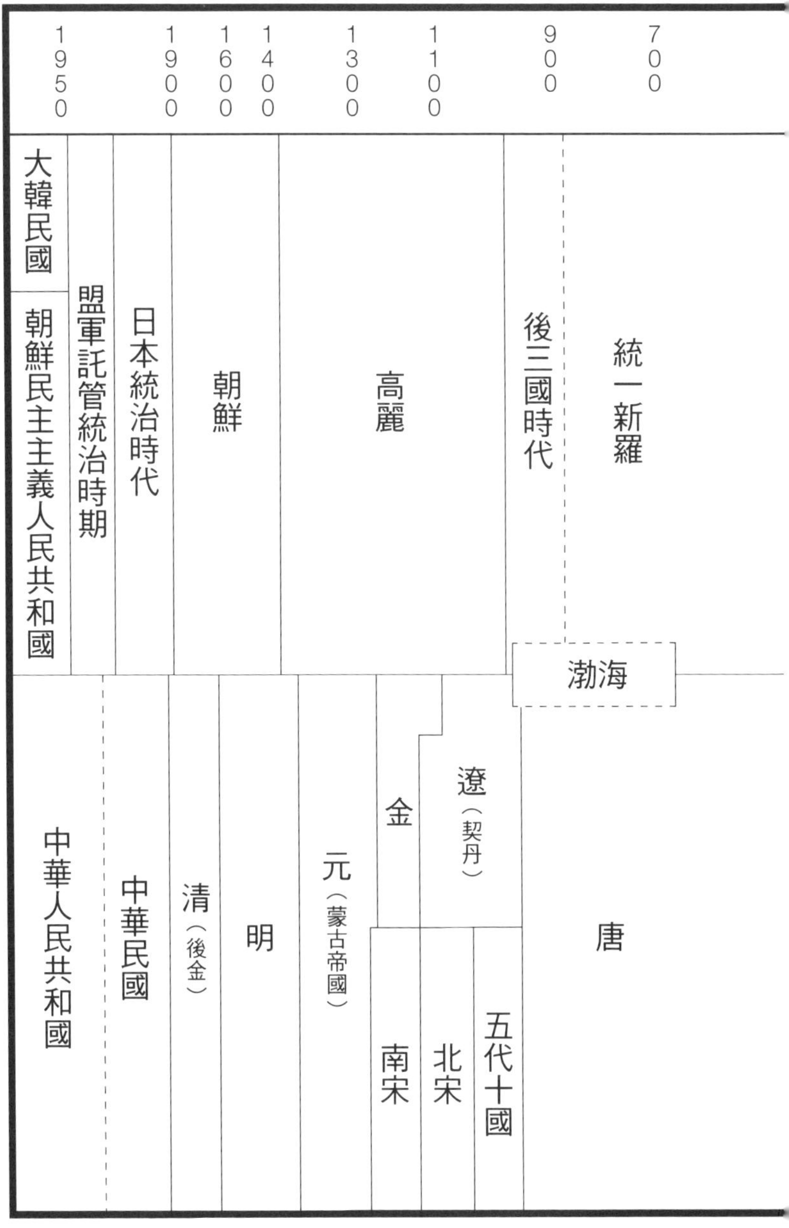
1950
1900
1600
1400
1300
1100
900
700
大韓民國
朝鮮民主主義人民共和國
盟軍託管統治時期
日本統治時代
朝鮮
高麗
後三國時代
統一新羅
渤海
中華人民共和國
中華民國
清（後金）
明
元（蒙古帝國）
金
遼（契丹）
南宋
北宋
五代十國
唐

朝鮮半島歷史 年表

這份年表是以本書提及的朝鮮半島歷史為中心編寫而成。

配合下半段的「世界與日本歷史大事紀」，可以更深入理解。

年代	朝鮮半島大事紀	世界與日本大事紀
〈西元前〉		
195	衛氏朝鮮建國	世界 西漢建立（202）
108	衛氏朝鮮遭漢朝消滅，設置漢四郡	世界《史記》問世（90年左右）
〈紀元〉		
313	高句麗消滅樂浪郡	世界 米蘭敕令（313）
5世紀前半	建立廣開土王碑	日本 倭國軍攻擊新羅（4世紀）
538（552）	聖王派遣使者赴日	日本 佛教傳入（538／552）
562	伽倻滅亡	日本 磐井之亂（527）
612	隋朝第二次遠征，高句麗大獲全勝	日本 法隆寺創建（607）
632	朝鮮半島首位女王（善德女王）誕生	世界 奧瑪雅王朝成立（661）

660	百濟滅亡	日本 白村江戰役（663）
668	高句麗滅亡、新羅統一朝鮮半島	日本 壬申之亂（678）
698	震國（渤海）建國	日本 大寶律令頒布（701）
900	後百濟建國	日本 《古今和歌集》問世（905）
901	後高句麗（摩震／泰封）建國	世界 唐朝滅亡（907）
918	後高句麗滅亡、高麗建國	世界 諾曼第公國成立（911）
926	渤海滅亡	日本 延喜式頒布（927）
935	新羅滅亡	世界 布維西王朝成立（932）
936	後百濟滅亡、高麗統一朝鮮半島	日本 平將門之亂（939）
958	引進科舉制度	世界 北宋建立（960）
11世紀後半	《大藏經》（初雕大藏經版）完成	日本 白河上皇展開院政（1086）
1126	發生李資謙之亂	世界 北宋滅亡（1127）
1135	發生妙清之亂	世界 葡萄牙王國成立（1143）
1145	《三國史記》問世	世界 第二次十字軍遠征（1147）
1170	武臣政權開始	日本 平清盛成為太政大臣（1167）

年代	朝鮮半島大事紀	世界與日本大事紀
1231	蒙古帝國侵略高麗	日本 承久之亂（1221）
1251	《大藏經》（重雕大藏經）完成	世界 阿拔斯帝國滅亡（1258）
1259	臣服蒙古帝國	日本 北條時宗擔任執權（1268）
13世紀末	《三國遺事》完書	世界 鄂圖曼帝國成立（1299）
1388	李成桂發動威化島回軍	日本 土岐康行之亂（1389）
1392	高麗滅亡，朝鮮建國	日本 南北朝合一（1392）
1394	遷都至漢陽（現在的首爾市）	日本 足利義滿成為太政大臣（1394）
1419	太宗展開己亥東征	日本 應永外寇（1419）
1446	世宗頒布訓民正音	世界 東羅馬帝國滅亡（1453）
1506	燕山君遭廢，中宗即位（中宗反正）	世界 波斯第三帝國成立（1501）
1510	三浦倭亂	日本 三浦之亂（1510）
1592	壬辰倭亂	世界 無敵艦隊創建（1588）
1597	丁酉倭亂	世界 胡格諾戰爭落幕（1598）
1609	與對馬宗氏締結己酉約條	世界 羅曼諾夫王朝成立（1613）

1623	光海君遭廢，仁祖即位（仁祖反正）	**日本** 德川家光擔任將軍（1623）
1637	與清朝締結三田渡盟約，臣服清朝	**日本** 參勤交代體制確立（1635）
1678	發行常平通寶	**世界** 光榮革命爆發（1688）
1876	與日本締結江華條約	**日本** 江華條約（1876）
1894	甲午農民戰爭爆發	**日本** 甲午戰爭爆發（1894）
1897	大韓帝國成立	**世界** 第一屆近代奧運（1896）
1910	與日本簽訂併合條約	**世界** 辛亥革命（1911）
1919	發生三一運動	**日本** 米騷動（1918）
1945	日本統治時期落幕，由盟軍統治	**世界** 聯合國創立（1945）
1948	大韓民國、朝鮮民主主義人民共和國成立	**日本** 勞動組合法成立（1949）
	盟軍託管統治結束	**世界** 中華人民共和國成立（1949）
1950	韓戰爆發	**世界** 東西德分裂（1949）
1953	韓戰停戰	**日本** 自衛隊成立（1954）
1991	加入聯合國	**世界** 波斯灣戰爭爆發（1991）
2002	日韓世界盃足球賽	**世界** 伊拉克戰爭爆發（2003）

参考文獻

『新版 世界各国史2 朝鮮史』武田幸男編(山川出版社)

『世界歴史大系 朝鮮史1 先史～朝鮮王朝』李成市、宮嶋博史、糟谷憲一編(山川出版社)

『世界歴史大系 朝鮮史2 近現代』李成市、宮嶋博史、糟谷憲一編(山川出版社)

『朝鮮の歴史 新版』朝鮮史研究会編(三省堂)

『韓国朝鮮の歴史と文化—古代から現代まで—』須川英徳、三ツ井崇(放送大学教育振興会)

『日本と朝鮮 : 比較・交流史入門 近世、近代そして現代』原尻英樹、六反田豊、外村大編(明石書店)

『≪世界史リブレット≫ 043.朝鮮の近代』糟谷憲一(山川出版社)

『≪世界史リブレット≫ 067.朝鮮からみた華夷思想』山内弘一(山川出版社)

『≪世界史リブレット≫ 099.モンゴル帝国の覇権と朝鮮半島』森平雅彦(山川出版社)

『≪世界史リブレット人≫ 037.李成桂—天翔る海東の龍』桑野栄治(山川出版社)

『≪世界史リブレット≫ 110.朝鮮王朝の国家と財政』六反田豊(山川出版社)

『両班(ヤンバン) —李朝社会の特権階層』宮嶋博史(中公新書)

『世界の歴史12 明清と李朝の時代』岸本美緒・宮嶋博史(中公文庫)

『「悪の歴史」東アジア編〔下〕南・東南アジア編』上田信編著(清水書院)

『朝鮮現代史』糟谷憲一、並木真人、林雄介(山川出版社)

P.5　朝鮮世宗大王：維基百科／用戶Lawinc82分享
https://zh.wikipedia.org/wiki/朝鮮世宗#/media/File:Sejong_the_Great_Bronze_statue_02.JPG

P.5　南北韓非軍事區 板門店：維基百科／用戶Henrik Ishihara Globaljuggler分享
https://zh.wikipedia.org/zh-tw/朝韩非军事区#/media/File:Panmunjeom_DMZ.png

[監修]
六反田豐
1962年出生於鹿兒島縣，現為東京大學大學院人文社會系研究所教授，擁有文學博士學位。專長為朝鮮中世與近世史。著作有《朝鮮王朝の国家と財政》，以及共同編著的《日本と朝鮮 比較・交流史入門》等書。

編輯・構成／造事務所
設計／井上祥邦（yockdesign）
文字／菊池昌彥
插畫／ suwakaho

極簡韓國史

出　　　版／楓樹林出版事業有限公司
地　　　址／新北市板橋區信義路163巷3號10樓
郵 政 劃 撥／19907596　楓書坊文化出版社
網　　　址／www.maplebook.com.tw
電　　　話／02-2957-6096
傳　　　真／02-2957-6435
監　　　修／六反田豐
翻　　　譯／黃筱涵
責 任 編 輯／江婉瑄
內 文 排 版／洪浩剛
港 澳 經 銷／泛華發行代理有限公司
定　　　價／350元
出 版 日 期／2023年４月

國家圖書館出版品預行編目資料

極簡韓國史 / 六反田豐監修 ; 黃筱涵譯. -- 初版. -- 新北市 : 楓樹林出版事業有限公司, 2023.04 面 ; 公分
ISBN 978-626-7218-47-1（平裝）
1. 韓國史
732.1　112001906